COUP D'OEIL

SUR LES

THÉATRES

DU ROYAUME;

Par M. ... ...

PRIX : 1 FRANC 25 C.

Paris.

CHEZ DELAUNAY, LIBRAIRE, PALAIS-ROYAL, N. 243.
ET QUOY, LIBRAIRE,
BOULEVARD SAINT-MARTIN, N. 10.

1851.

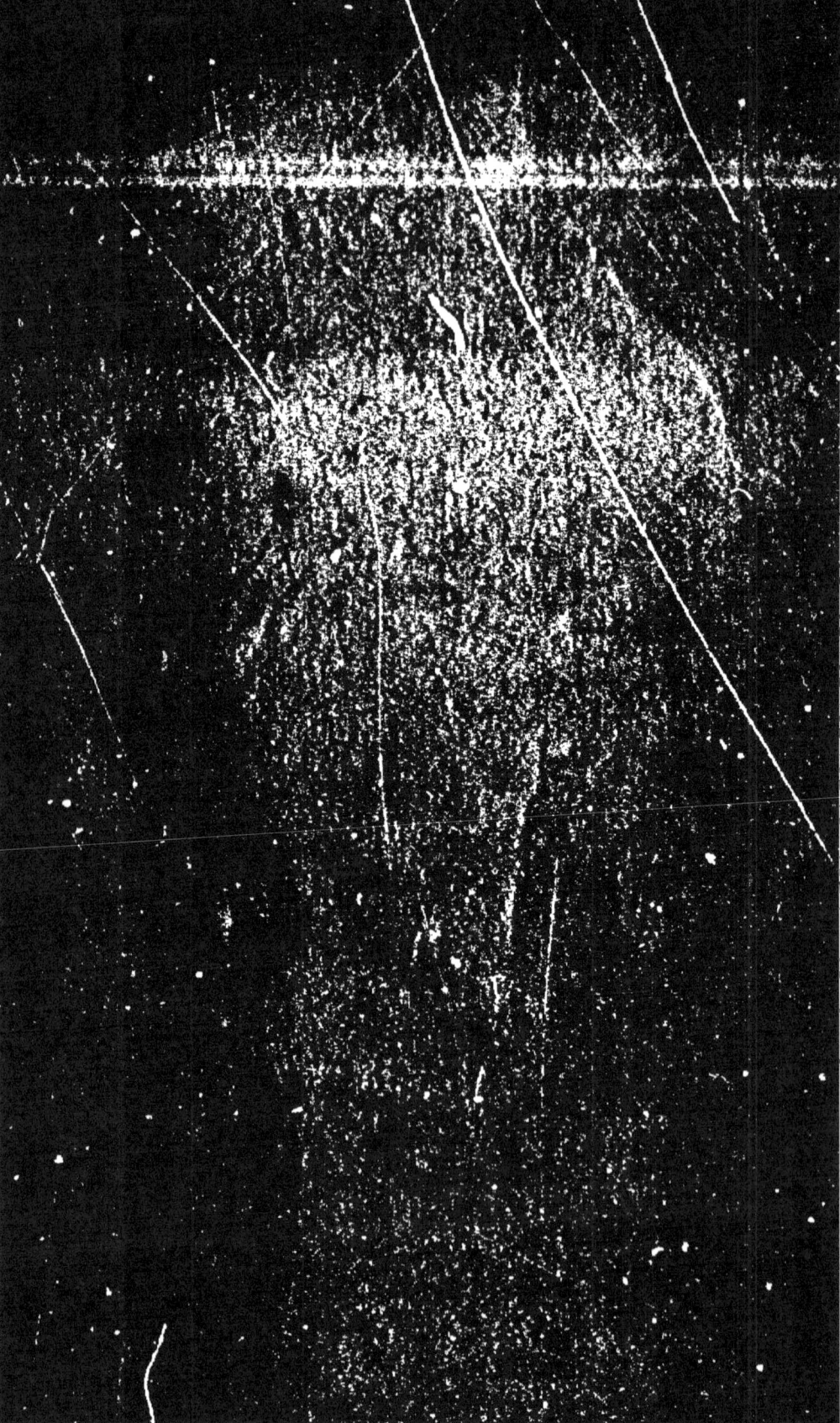

COUP D'OEIL

sur

LES THÉATRES

DU ROYAUME.

Par M. A.-C. Saint-Romain.

Paris,

DE L'IMPRIMERIE D'ÉVERAT,
rue du Cadran, n° 16.

1831.

AVERTISSEMENT.

Afin d'atteindre le but d'utilité que je me suis proposé, et pour éviter le reproche de plagiat, je déclare que j'ai introduit dans cette brochure, soit textuellement, soit avec les changemens et modifications que j'ai jugé nécessaires, les opinions et jugemens d'hommes instruits qui ont écrit sur les théâtres.

Parmi les sources où j'ai puisé, je dois citer particulièrement un ouvrage intitulé : *les Théâtres en 1817* (*), et *le Marasme* (**). En traitant un pareil sujet, il serait impossible de ne pas reproduire plusieurs idées de ses devanciers.

(*) *Les Théâtres*, par M. Charles Maurice.
(**) *Le Marasme*, par M. Merle.

COUP D'ŒIL

SUR

LES THÉATRES DU ROYAUME.

On ferait cent volumes de ce qui a été écrit sur les théâtres, l'art dramatique et les comédiens, et cependant la matière est loin d'être épuisée.

L'utilité des théâtres est reconnue; elle est indispensable dans les villes populeuses, et réclamée par les autres villes du royaume. Molière, Racine, Corneille, etc., ont fondé leur immortalité sur des chefs-d'œuvre qui forment une partie de notre gloire nationale, et qu'il faut conserver.

Je passerai rapidement en revue tout ce qui tient aux théâtres : j'indiquerai les abus, je signalerai les faux systèmes, je parlerai librement; je traiterai des sujets pris parmi ceux qui, durant trente ans, ont fait et font encore l'objet de mes méditations habituelles. Ma vétérance est pour moi un brevet d'expérience irrécusable.

J'ai des notes et des données certaines sur tous les théâ-

ce serait celui d'une trop longue indulgence, et d'une longanimité que les délinquans ont pris pour une tolérante faiblesse, et dont ils ont trop largement abusé.

Plusieurs journaux ont légèrement esquissé les griefs imputables aux ouvrages répréhensibles qui, depuis six mois, ont été représentés sur les divers théâtres de la capitale : il est instant de donner à ce premier objet l'extension nécessaire à prouver l'urgence d'une loi répressive.

Le théâtre de la Gaîté a donné l'élan du scandale par une mauvaise pièce intitulée *le Te Deum*, qu'il a fait suivre par un *Napoléon en Paradis*, pitoyable rapsodie, dans laquelle saint Pierre et les anges font assaut de quolibets et de plaisanteries ordurières.

A l'Ambigu, dans *la Papesse Jeanne*, les dogmes les plus sacrés de notre religion, les croyances chrétiennes consacrées par les siècles, sont tournées en dérision.

Dans le *Napoléon* du Cirque, le pape est introduit sur les planches ; il y fait la parade d'une cérémonie religieuse en face de l'autel ! Je le demande à tous les bons esprits, le chef de la chrétienté et de la religion de l'état est-il personnellement justiciable du théâtre ? N'y a-t-il pas abus de toute convenance, et si je puis m'exprimer ainsi, sacrilége littéraire dans cette profanation ? Il n'a manqué à ce débordement condamnable que la parodie des saints mystères, et la suspension de l'ostensoir aux frises de nos théâtres. Que l'on dise jusqu'où irait la licence si elle n'était arrêtée par une loi de répression.

Il est donc reconnu que la religion a été attaquée et outragée, et que la morale a souffert par le fait des représentations de pièces obscènes et irréligieuses, jouées sur plusieurs théâtres de Paris, et par contre-coup sur ceux de la province.

Considérons maintenant les résultats de la liberté des représentations théâtrales, sous le rapport politique et les intérêts de la société, et voyons si la matière a été traitée avec la réserve et dans les bornes prescrites.

Aux Variétés, Mme de La Valette a été mise en scène, et a subi, malgré elle, les ovations du théâtre de la farce; son opposition et les réclamations de sa famille n'ont point été écoutées.

Presque tous les théâtres ont été saisis d'un paroxisme de fièvre bonapartiste : Bobineau a voulu avoir son *Napoléon*, et s'il n'a pas le mérite des vingt-trois tableaux de son voisin, il a au moins celui du sens commun.

De tous les *Napoléon*, le mélodrame du théâtre de la Porte-Saint-Martin est le seul qui puisse être qualifié d'ouvrage dramatique. Des personnages vivans y sont mis en scène, mais sous un jour favorable, ce qui ne donne pas un droit, ce qui est même un tort; car si les auteurs avaient liberté de louer, ils auraient également faculté de condamner les actions et la vie privée des contemporains.

Pour dorer leur héros de vertus et de qualités qui lui manquaient, les auteurs ont dénaturé les faits.

Staub a pris la résolution de tuer Bonaparte : saisi au moment de l'exécution de son projet, dont il fait l'aveu, il est amené devant Napoléon, qui, après l'avoir interrogé et sans forme de procès, le fit fusiller: il n'était pas homme à pardonner. La clémence prêtée à Napoléon, qui dans la pièce renvoie le coupable et demande grâce pour lui à l'empereur d'Autriche, est controuvée et de pure invention.

Dans une scène du même drame, relative à la famille des Bourbons, le nom du duc d'Orléans est prononcé : « Ah ! pour celui-là, interrompt Napoléon, il n'a jamais » porté les armes contre sa patrie. » Cet éloge n'est jamais sorti de la bouche de Bonaparte, il n'était point dans son cœur. Si, pour le malheur de la France, le duc d'Orléans, aujourd'hui Louis-Philippe, roi des Français, fût tombé entre les mains de Bonaparte, il serait mort.

Faut-il, pour constater la haine de Napoléon envers la famille des Bourbons, citer des faits? Qu'on se rappelle l'enlèvement à main armée sur un territoire étranger, et contre le droit des gens et des nations, de l'infortuné duc d'Enghien; son extradition en France, son jugement illégal, son injuste condamnation, et le lâche assassinat commis sur le malheureux prince.

Si, à cette époque, le duc d'Orléans fût devenu le prisonnier de Bonaparte, le même jugement et la même fosse l'eussent réuni à son parent le duc d'Enghien. La providence en a autrement ordonné: le duc d'Orléans ne s'est point confié à la prétendue générosité de Napoléon; il connaissait et avait jugé l'homme.

On n'a point oublié l'infâme guet-à-pens de Bayonne: la perfidie employée dans l'exécution de cet odieux projet, dont l'histoire n'offre point d'exemples, est la preuve irréfragable de la haine irascible que portait Napoléon à toutes les branches de la famille des Bourbons.

Les auteurs du drame de la Porte-Saint-Martin ont prêté à leur héros toutes les vertus et les qualités les plus éminentes: ils ne pouvaient le peindre d'après ses actions et son caractère, qui était celui d'un despote oriental; mais si la poésie et la scène ont leur licence, il est permis de rétablir les faits dans leur vérité.

Au théâtre des Nouveautés, introduction du fils de l'homme dans le personnage du duc de Reischtadt, sous le nom de Napoléon II. Cette dénomination, si elle n'est coupable, est au moins intempestive et téméraire. Quel a été le but de cette hardiesse ? d'inspirer de l'intérêt pour un intrus étranger. Que les partisans de Bonaparte et des siens sachent bien que si nous devons nous rapprocher du duc de Reischtadt, ce sera sur les frontières de son aïeul que nous aimerions à le rencontrer, à la tête de son régiment autrichien : là, nos boulets lui donneraient la mesure des souvenirs que les Français ont conservé en sa faveur.

Terminons le chapitre des griefs imputables à la liberté des représentations théâtrales par le plus grotesque des *Napoléon*, celui de l'Odéon. Il n'y a point d'analyse possible pour une pareille production qui, sous le rapport de l'art, ne peut être qualifiée d'ouvrage dramatique, et qui n'est, à vrai dire, qu'une nauséabonde lanterne magique, saupoudrée de sarcasmes, de personnalités et d'injures contre les hommes les plus respectables et les premiers corps de l'état. Dans ce soi-disant drame, et sous la rubrique de paroles historiques prononcées par le revenant de l'île d'Elbe, la Chambre des pairs est insultée et celle des députés outragée. Pour fermer la marche des turpitudes, Louis XVIII est offert en holocauste à la risée publique, sans respect pour ses cendres, à peine refroidies : on le présente aux spectateurs sous la caricature d'un Cassandre de parade. L'auteur et le directeur auraient dû, un peu de pudeur aidant, se souvenir que Louis XVIII pouvait continuer le gouvernement absolu de son prédécesseur ; qu'il a répudié cet héritage, et qu'il nous a donné la Charte ; que le théâtre de l'Odéon appartient à la Chambre des pairs, qui en fait la concession gratuite au directeur ; enfin que l'Odéon est encore aujourd'hui théâtre royal, mensuellement subventionné par le gouvernement, et qu'un locataire logé *gratis* a mauvaise grâce à injurier le donataire. Ces considérations méritaient bien une réserve respectueuse envers le feu roi-législateur, parent du roi régnant, et pour les hommes honorables contre lesquels sont lancés de fastidieux sarcasmes.

Je bornerai là mes citations ; c'en est assez pour prouver que tout ce qu'il y a de plus respectable et de plus sacré a été foulé aux pieds, et que le dévergondage a été porté jusqu'au délire ; tous les cœurs généreux s'en sont affligés, et les saturnales qui se célèbrent encore aujourd'hui sur nos théâtres ont dû en éloigner la famille royale.

Je le demande à tous les auteurs, directeurs de théâtres, peintres, dessinateurs, graveurs, imprimeurs, libraires, lithographes, etc., si, sous le règne du héros qu'ils préconisent ils eussent osé mettre en scène un Bourbon sous un jour favorable, ou même écrire et imprimer une phrase à sa louange ; si le portrait de Louis XVIII ou du duc d'Orléans, clandestinement mis en vente, eût été découvert et saisi par la police ombrageuse et inquisitoriale d'alors, quel eût été le châtiment que leur eût infligé leur idole ? Les cachots de la Force, les cabanons de Bicêtre et le tourniquet de Vincennes leur eussent imposé un éternel silence.

La famille Bonaparte doit être morte pour la France ; les figures de cette race sont déplacées sur notre scène ; elles jurent avec nos institutions et nos affections pour la dynastie régnante ; elles doivent être proscrites de nos théâtres.

Il est reconnu que le projet de loi présenté à la Chambre des députés offre du vague, des lacunes, qu'il exige quelques changemens et modifications, et qu'il doit subir une réduction dans ses articles, titres et chapitres. Le travail exigeait une connaissance positive des usages et des intérêts des auteurs et des directeurs de théâtres ; mais le mal allant toujours croissant, et le scandale augmentant de jour en jour, le ministre a été contraint de courir au plus pressé, et le projet de loi a souffert d'une précipitation commandée par l'urgence des circonstances.

D'après l'article 1er, les ouvrages de tout genre pourront être représentés sur tous les théâtres indistinctement. Cette concession libérale n'aura d'autre résultat que de produire la confusion. Ainsi que la liberté illimitée des théâtres, la liberté des genres sera fatale à l'art dramatique et théâtral, de même qu'aux directeurs et aux comédiens.

La population de Londres excède d'un tiers au moins celle de Paris, et cependant le nombre de théâtres autorisés est borné à dix; les genres sont distincts à Covent-Garden, à l'Opéra, à Drury-Lane, et sur tous les théâtres anglais.

Suivant l'article 2, le dépôt du manuscrit devrait être fait quinze jours avant la représentation : cette disposition est inexécutable sans porter préjudice et dommage aux auteurs et directeurs. Tous les journaux qui ont traité cette question, sur laquelle il serait inutile de revenir, ont signalé le mal : le remède consiste à n'exiger le dépôt du manuscrit que dans l'intervalle le plus rapproché possible de la représentation, et de fixer à l'avant-veille ou à la veille, remise du cahier, ou feuille de changemens et variantes que l'auteur aura cru devoir faire à son ouvrage.

A l'égard de l'article 12, on élève déjà de violentes réclamations sur la rétro-activité que fait pressentir le projet de loi. Si la loi ne prononçait l'effet rétroactif, elle n'atteindrait pas le but du projet qui est de couper le mal dans sa racine; sans effet rétroactif, le scandale aurait continué; les pièces réprouvées resteraient au répertoire. Après avoir été représentées à satiété, on leur laisserait un repos de six mois à un an, pour leur donner des reprises, que l'esprit de parti ne manquerait pas d'exalter, et le désordre n'aurait été suspendu que pour renaître avec plus d'audace.

Toutes les pièces dont Napoléon et les siens sont les héros doivent être éliminées de nos théâtres, et la loi doit, en limitant un effet rétroactif au 1ᵉʳ août 1830, frapper d'interdiction toutes les productions théâtrales contraires à la morale, à la religion, et celles dans lesquelles des allusions indécentes et des personnalités insultantes sont répandues à profusion, et troublent depuis six mois le repos des hommes les plus honorables, et la tranquillité des familles et de la société. Le législateur ne pourrait, sans danger, transiger sur cet article, l'un des plus importans du projet de loi.

Les détracteurs du projet de loi prétendent que d'après l'article 18, les spectateurs qui font de méchantes applications et y applaudissent avec fureur doivent être seuls justiciables des peines portées par la loi : erreur. Il faut prendre le revers de la médaille, et reconnaître que si l'auteur n'avait pas écrit et mis dans la bouche de ses personnages des applications condamnables ; que si le directeur eût exigé le retranchement des passages qui pouvaient donner matière à être incriminés et refusé de faire représenter la pièce sans leur suppression, il n'y aurait eu ni motif de délit, ni lieu à voie de répression. Les seuls garans et responsables sont l'auteur et le directeur : le public en masse ne peut être pris à partie. Les intérêts des auteurs et des directeurs sont communs ; il y a entre eux parité de pouvoirs relativement à l'admission et la représentation des ouvrages ; leur solidarité ne peut être contestée. Les comédiens ne peuvent être considérés que comme des organes passifs; ils sont mis hors de cause dans le projet de loi ; c'est justice.

L'article 19, des chapitres et titres xi, est frappé de réprobation par certains ennemis du projet de loi ; ils portent l'indulgence jusqu'à soutenir qu'il n'y a pas danger à laisser un libre cours aux épigrammes et aux sarcasmes dirigés contre les empereurs d'Autriche, de Russie, les rois de Prusse, d'Espagne et autres souverains, leurs ambassadeurs et envoyés auprès du roi de France. Les hommes réfléchis repoussent cette opinion, et pensent que la tolérance serait plus blâmable que l'offense, et que si la France veut être respectée dans la personne de son roi et de ses ambassadeurs près les puissances étrangères, elle doit agir de réciprocité.

L'article 20 se lie aux précédens ; il est urgent qu'il prenne place dans la loi. Un journal, dont je combats ici les opinions, attribue l'intercallation et les dispositions de cet article aux sarcasmes dirigés dans l'apothéose de Benjamin Constant contre M. de Viennet : cette prévention n'est pas admissible ; il serait facile de citer pour prélude de la licence vingt exemples antérieurs de personnalités inconvenantes contre les hommes les plus honorables. Les Chambres insultées, et M. de Viennet qui en fait partie, sont placés trop au-dessus de pareilles turpitudes pour en garder rancune.

Les Chambres savent que les auteurs forment un corps aussi recommandable par ses principes que par sa science et ses talens ; que les ouvrages dramatiques ont, de tout temps, constitué une partie chère de notre gloire littéraire, dont les étrangers ne contestent pas la supériorité. Les Chambres ne confondront pas l'homme de lettres, l'homme d'honneur, qui écrit pour les mœurs, pour sa gloire et celle de son pays, avec quelques écrivains faméliques, usurpateurs du titre d'auteur, et véritable résidu de la littérature qui, de même que l'insecte qui ronge leur couchette, ont besoin de mordre pour vivre.

S'il fallait en croire le petit nombre des optimistes de la licence, qui ont prématurément crié haro sur le projet de loi, un abîme va s'ouvrir sous leurs pas; ils se gardent de dire que le gouffre sera entouré de garde-fous, éclairé de flambeaux au feu grégeois, et que pour y tomber il faudra en briser les barrières.

MM. les auteurs ont fait choix de plusieurs de leurs collègues pour défendre leurs intérêts auprès de la commission législative chargée du rapport sur le projet de loi relatif aux représentations théâtrales : les observations fondées seront accueillies, et les demandes de concessions équitables prises en considération.

La majorité des journaux avait prévu le mal, indiqué le péril de la licence : leurs avis n'ont point été écoutés ; aujourd'hui ils élaborent la matière ; ils y jetteront de vives lumières avant et pendant la discussion. Défenseurs nés des auteurs et de l'art dramatique, leur voix puissante produira des effets efficaces et déterminans.

A cet appui se joindront les opinions de littérateurs qui siégent aux Chambres, et tout indique que la loi sera ce qu'elle doit être, facile d'exécution, équitable dans toutes ses dispositions, et protectrice contre les écarts et la licence.

Loin de s'arrêter, le mal gagne ; des réclamations journalières s'élèvent de tous côtés; il y a urgence.

CAUSES

DE LA

DÉCADENCE DES THÉATRES.

Les causes qui ont préparé et produit la décadence des théâtres ont été indiquées et débattues. Plusieurs sujets sont restés intacts : je me propose de les traiter dans cet article.

Parmi les élémens destructeurs des théâtres, il faut signaler en première ligne : 1° la multiplicité desdits théâtres; 2° la stérilité des auteurs; 3° l'incapacité des directeurs; 4° les prétentions exagérées des comédiens; 5° le prix exorbitant des salles de spectacle; 6° l'effet antérieur du jésuitisme et des prédications; 7° les raouts, les soirées et les heures de repas; 8° les loges, billets et entrées imposées aux directeurs; 9° l'impôt perçu pour les hospices; 10° enfin la lèpre des claqueurs.

Par la stérilité des auteurs, j'entends le nombre imperceptible des bons ouvrages; j'accuse le repos de MM. Étienne, Casimir Delavigne, Alexandre Duval, Delrieu, Bonjour,

Drouineau, Mazères, Andrieux, et de vingt autres auteurs capables de soutenir la gloire de la scène française. En échange de comédies de mœurs et de tragédies, nous avons à profusion, sur nos premiers théâtres, des drames et mélodrames romantiques, avec tout l'attirail des changemens à vue, des escamotages et des trapes; des lanternes magiques en vingt-trois tableaux, et des orgies aristophaniennes. Tout est mis en usage pour obtenir des succès d'argent. Aujourd'hui, la caisse des directeurs est pour les trois quarts dans la composition d'une pièce. Les quatre *Napoléon* de l'Odéon, de la Porte-Saint-Martin, de l'Ambigu et du Cirque, ont coûté 160,000 fr. de mise en scène. Celui de la Porte-Saint-Martin, le meilleur et le moins frayeux, a produit des recettes extraordinaires, que l'on dit avoir subi une réduction par une prétention forcément satisfaite, et qui fait aujourd'hui le sujet d'une contestation pendante au tribunal de commerce. Cette cause intéresse toutes les entreprises théâtrales. Les trois autres *Napoléon* sont restés au-dessous de leurs dépenses, et seront à perte aux entrepreneurs. De pareilles spéculations sont hasardées, imprudentes et ruineuses, lorsque les bornes des frais d'usage sont dépassées. Non-seulement il n'y a pas stérilité de pièces de tout genre; il y a, au contraire, surabondance; les cartons des directeurs en regorgent, mais il y a pénurie de bons ouvrages.

Depuis long-temps la fureur des directions théâtrales et la suprématie des coulisses ont été portées jusqu'au délire. Parmi les possédés de cette monomanie, on compte des auteurs, des officiers, architectes, notaires, infirmiers, fournisseurs, marchands de vins, et autres novices de même force. Dans ce nombre de directeurs connus et qui ont administré les théâtres de Paris, tous ceux qui avaient de la fortune l'ont perdue, et quelques-uns ont ruiné les théâtres qui leur étaient confiés.

La profession de directeur de théâtre n'est pas celle du premier venu : on peut avec beaucoup d'esprit, de génie et de talent être un piètre directeur. Il est nécessaire qu'un directeur ait au moins reçu une éducation première; il ne serait pas superflu qu'il fût doué de quelques connaissances littéraires. Outre ces deux qualités, qui ne sont pas étrangères à la majorité des directeurs, leur profession exige impérativement qu'à des connaissances locales et positives ils joignent l'expérience, la pratique et la théorie.

Il faut qu'un directeur connaisse toutes les branches d'administration; qu'il sache régler ses dépenses et établir son budget. L'économie bien entendue, et sans lésinerie, est le principe vital de toutes les entreprises théâtrales.

Il faut que, malgré toute confiance en ses régisseurs, employés et subordonnés, le directeur voie tout par lui-même, et que sur son théâtre il se croie au milieu de la forêt de Bondi. Les abus, le monopole et les dilapidations n'échappent point à un administrateur exercé; sans délai, sans considération aucune, il doit les anéantir.

La diplomatie des coulisses n'est pas aussi facile qu'on pourrait le penser. Un tact fin pour déjouer les caprices et concilier les rivalités, une fermeté inébranlable, une volonté immuable, sont des qualités requises, auxquelles il faut joindre une grande activité et une surveillance continuelle. La vie d'un directeur doit être fixée à se lever matin, se coucher tard, et à ne dormir que d'un œil.

Si les théâtres qui ont succombé eussent été confiés à des administrateurs habiles et probes, ils n'auraient pas fait fortune; mais la majorité se fût soutenue par le seul produit de ses recettes, et serait encore en exploitation.

Plusieurs directeurs ont payé de leur fortune et de leur tranquillité leur tribut aux coulisses, et entraîné dans leur désastre quatre mille actionnaires, avec perte de sept à huit millions. Les directeurs avaient sans doute les talens et qualités nécessaires à leur première position dans la société; ils avaient rêvé qu'ils étaient aptes à la direction d'un théâtre; le réveil les a cruellement désabusés.

Il faut donc reconnaître et conclure avec raison et conviction, et en s'appuyant sur les antécédens, que l'incapacité a été le principal élément de la décadence et de la destruction des théâtres, et que du choix du directeur, dépendra toujours leur prospérité ou leur ruine.

Les prétentions des comédiens sont arrivées au point qu'on n'y peut plus tenir. En province, la comédie et la tragédie sont mises à l'index; les nouveaux ouvrages ont presque seuls le privilége d'être représentés. Si le misantrope n'a pas une voix de ténor, et si Zopire n'est pas un baryton, ils courent risque de mourir de faim; en revanche, le tarif des gosiers n'a plus de bornes. Tel médiocre comédien qui jadis était satisfait et généreusement rétribué avec quatre ou cinq mille francs pour les emplois d'Elleviou et Martin, exige aujourd'hui deux tiers en sus; les premières chanteuses sont au feu, et renchérissent d'année en année. On ne sait où s'arrêtera le délire; il n'y aura bientôt plus de direction théâtrale possible !

Les propriétaires de théâtres marchent à l'unisson des comédiens. La baraque qu'on appelle théâtre de la Gaîté est louée 40,000 fr.; la location du théâtre de la Porte-Saint-Martin, vendu en 1814, aux feux du tribunal, moyennant la somme de 165,000 fr., est portée à 50,000 fr.; c'est de l'argent placé à vingt-cinq pour cent. Le théâtre Choiseul coûtait à M. Ducis 160,000 fr. et trois cents entrés. En province, la location des théâtres, qui appartiennent à des particuliers, est encore plus exagérée. A Marseille, le propriétaire prélève le huitième brut des recettes, fait réserve d'une loge, de vingt entrées, et de quatre billets qu'on doit supposer vendus au détriment du directeur. A Rouen, location de 30,000 fr., trente entrées, une loge et le produit de deux représentations; en chiffrant juste, on trouverait un total de 52,000 fr. A Toulouse, 10,000 fr., neuf loges, soixante entrées au moins, 55,000 fr., etc.

Les missionnaires, les jésuites et certains prédicateurs, ont décrié les théâtres et les comédiens. Le mal a jeté de profondes racines; il influera long-temps sur le sort des entreprises théâtrales, mais il est sans remède : il faut attendre du temps la guérison des illuminés.

L'impôt prélevé par les hospices sur les recettes des théâtres est illégal. Les entreprises théâtrales, étant considérées comme branche de commerce et d'industrie, cette charge doit disparaître. Si cet impôt, que l'on pourrait appeler moral, devait avoir continuité, il doit être allégé par un abonnement modéré, ou par deux représentations frais prélevés, données annuellement par chaque théâtre. Ce dernier mode serait le plus fructueux, vu que les principaux acteurs de tous les théâtres se feraient un plaisir de contribuer au soulagement des indigens. Sur ce point, les directeurs et les comédiens n'ont pas besoin d'être stimulés; en pareille occasion, ils s'empressent toujours de fournir leur contingent de zèle et de générosité.

Les soirées, les raouts et les heures de repas ayant changé nos habitudes, mettent les théâtres en souffrance : le mal est apparent, le remède introuvable.

Le nombre des loges, billets et entrées imposées aux

administrations théâtrales excédaient de beaucoup les besoins de l'autorité ; il y avait abus préjudiciable aux intérêts des théâtres. Les commissaires de police ont seuls le droit d'entrée.

Les théâtres se sont rendus tributaires des claqueurs, qui coûtent à chaque administration de 25 à 50,000 fr. par an; les claqueurs sont salariés par les directeurs et les auteurs, en billets qu'ils vendent au rabais ; ils reçoivent en outre, pour leurs bons et loyaux services, une récompense pécuniaire de quelques auteurs, acteurs et actrices.

Aujourd'hui, les trois premières recettes d'une pièce nouvelle ne couvrent pas les frais locaux ; certains auteurs exigent six à huit cents billets, les trois quarts du parterre pour les claqueurs, et vingt loges pour les amis et les initiés. J'ai vu, à la première représentation d'une pièce prônée par une coterie, l'un de nos grands théâtres plein jusqu'au comble ; la recette, qui aurait dû dépasser 5,000 fr., ne s'élevait pas à 1,100 fr.

Pour extirper la race des claqueurs et faire cesser leur ruineux entretien, le concours des auteurs est indispensable : maîtres de dicter les conditions qui fixent leurs droits, les directeurs seraient impuissans sans leur adhésion et participation. Qu'un théâtre donne le signal de l'expulsion des claqueurs, il aura des imitateurs, et en bref délai la race en sera d'abord licenciée, et par suite anéantie.

LIBERTÉ ILLIMITÉE

DES THÉATRES.

Une loi sur la représentation théâtrale a été soumise par M. le ministre de l'intérieur à la Chambre des députés. Cette mesure est l'avant-coureur de la loi principale qui doit fixer le sort des théâtres, des directeurs et des comédiens. Le moment est arrivé pour entrer en lice, et pour combattre les faux systèmes et les mesures désastreuses, et c'est surtout aux hommes-pratiques qu'il appartient de les signaler, s'en remettant ensuite à la sagesse du gouvernement et de l'autorité qui en doit connaître.

L'unité est le principe du monde; c'est un dogme administratif incontestable.

L'administration qui doit être chargée des théâtres est sans doute celle qui tient dans ses mains tous les moyens de leur prospérité; qui a sous son influence les préfets, les maires; celle qui a des relations obligées avec les académies, qui accorde des récompenses aux savans et aux hommes de lettres. N'est-il pas révoltant que la Comédie-Française, où l'on représente les ouvrages de Molière, Racine, Corneille, ne soit pas dans les attributions du ministre des arts et de l'Institut ? Il est évident que cette organisation est vicieuse : j'en dirai les causes honteuses à chaque article sur les théâtres royaux subventionnés; il est urgent d'y remédier, et le seul moyen est de placer tous les théâtres du royaume sous la juridiction du ministre de l'intérieur. Il faut se transporter sur un autre terrain, exploiter un sol neuf, et troubler le sommeil de la routine.

D'après le projet de loi sur les représentations théâtrales, les entrepreneurs du spectacle auront droit de faire jouer les pièces de tous les genres; si cet article est adopté sans restriction ni amendement, on verra Molière et Racine mutilés sur des tréteaux, et nos chefs-d'œuvre passés à l'alambic de la parade.

La liberté illimitée des théâtres est, assure-t-on, adoptée par la commission.

Cette question domine toutes les autres; elle acquiert d'autant plus d'importance et de gravité qu'elle peut ébranler une multitude de droits et compromettre une foule d'intérêts et d'existences.

J'arrive un peu tard à la discussion, et ne pourrai qu'ajouter de bien faibles lumières sur l'éclaircissement de cette matière. Le terrain a été lumineusement exploré par de savans devanciers; cependant tout n'a pas été dit sur cette question mère, et je me hasarde à émettre une opinion que j'isolerai de tout intérêt privé et de toute suggestion prise en dehors.

C'est assurément une belle et bonne chose que la liberté; mais si le chemin n'est pas limité et bordé de garde-fous, on va vite à la licence, et de la licence à la ruine et à la désorganisation.

La liberté absolue du commerce, l'indépendance pleine

et entière de l'industrie sont au nombre des droits acquis et des nécessités de l'époque; mais toutes les industries doivent-elles rentrer dans cette commune loi de liberté? N'en est-il pas quelques-unes qui exigent, par leur nature, un régime particulier? Au nombre de ces industries exceptionnelles, les entreprises théâtrales ne sont-elles pas au premier rang? Telle est la question importante qu'une loi impatiemment attendue ne peut tarder à résoudre.

Je pense qu'il y a, dans les industries théâtrales, deux choses entièrement distinctes, mais qui pourtant ne peuvent être divisées, et qui, par suite de cette connexion, s'opposent à la liberté projetée. Les théâtres sont en même temps des entreprises particulières et des établissemens publics; ils tiennent, sous le premier rapport, aux intérêts individuels; mais, sous le second, ils appartiennent aux intérêts nationaux, aux intérêts de la politique, de la morale, et aux progrès de la littérature et des beaux-arts; de là il résulte que le gouvernement a incontestablement le droit d'exercer sur eux une influence et une juridiction souveraine et nécessaire à leur existence; il ne peut, sans appréhension des plus désastreux résultats, les abandonner à eux-mêmes. Il existe d'ailleurs à Paris et dans la province un nombre surabondant de théâtres pour exploiter tous les genres, contenter tous les goûts, occuper tous les auteurs et employer tous les acteurs.

Pourquoi donc ouvrir la barrière, et vouloir lancer des hommes inconsidérés dans des spéculations certainement hasardées, et probablement ruineuses? n'est-il pas du devoir de tout bon gouvernement de ne pas ouvrir les voies à la ruine et aux banqueroutes? Et ceci n'est point une probabilité jetée au hasard, une donnée équivoque. Que font maintenant les théâtres? Ils gémissent tous de l'état de décadence et de pénurie dans lequel ils végètent ; ils succombent sous le poids des pertes.

Et l'intention serait d'en augmenter le nombre ? Que gagnerait le public à ce surcroît ? Il n'aurait ni de meilleurs acteurs ni de meilleurs ouvrages ; il n'en aurait pas davantage. Les professions sont libres, c'est un principe reconnu ; mais faute de vouloir examiner ce qu'il y a de spécial dans chacune des professions classées hors du droit commun, on les confond toutes, on les enveloppe des mêmes sophismes ; l'esprit de parti les exalte, et les passions les défendent avec chaleur. — Quittons ces généralités.

De tout temps, et dans tous les gouvernemens, certaines professions ont été soumises à des lois et à des règles qui servent de garantie à la société ; les entreprises théâtrales ont toujours été rangées dans cette catégorie. Si on rétablit brusquement, et sans conditions, la liberté illimitée des professions, le nombre des théâtres s'augmentera hors proportions. Cette surabondance serait fatale, sous divers rapports, à toutes les entreprises théâtrales.

Les six millions cinq cent mille francs de recettes annuelles que partagent les dix-sept grands et petits théâtres à présent en exploitation dans la capitale, seraient divisés en raison du nombre des concurrens ; et que l'on ne croie pas que la multiplicité des théâtres augmenterait la masse des recettes. Qu'il y ait dix ou vingt théâtres à Paris, les recettes totales se sont toujours balancées, depuis vingt ans, entre six millions à six millions cinq cent mille francs par année. La subvention (si subvention il y a), gonflée par M. le chargé des beaux-arts, et portée à un million cinq cent mille francs, loin de subir une réduction impérative, serait insuffisante au maintien des théâtres royaux, du Conservatoire et de l'institution de musique religieuse, qui réclament une refonte générale et un système d'administration diamétralement opposé à celui qui les a régis jusqu'à ce jour. Les prétentions de certains comédiens grossiraient encore; les troupes seraient incomplètes et dépourvues d'ensemble; une nuée de mauvais comédiens et de baladins inonderait Paris; le désordre serait en 1831 tel qu'il a été et que je l'ai vu en 1793.

A cette époque, vingt-huit théâtres étaient établis dans Paris; la police était fort occupée et sur les dents; tous faisaient de brillantes affaires, quelques-uns comptaient des millions pour bénéfice d'un semestre; il suffisait de poser l'affiche et d'ouvrir les portes pour avoir *chambrée complète*. La cause de cette prospérité factice résidait dans le papier-monnaie, qui, dès l'aurore de son émission, n'inspirait aucune confiance et perdait de jour en jour de sa valeur; le peuple ne tenait point aux assignats, aussi les guinguettes, les cafés et les spectacles étaient journellement encombrés. C'est à cet intervalle de notre première révolution qu'il faut attribuer le goût du peuple pour les théâtres.

La dépréciation du papier-monnaie fut rapide, et telle que, sur son déclin, on payait aux grands théâtres une loge 12,000 fr. et 500 fr. un billet de parterre.

A l'extinction des assignats et mandats, la fortune des théâtres changea de face; le public tenait aux espèces sonnantes; le peuple était pauvre et privé des moyens de pouvoir fréquenter les spectacles; les théâtres furent abandonnés, et moitié furent fermés pour cause de dénuement et de faillite forcée. Je sais que ces temps sont loin de nous, que les circonstances ont changé; mais je sais aussi qu'on trouvera toujours des enthousiastes de théâtre, des fanatiques de coulisses, et des fous qui, trompés par des intrigens se disant directeurs capables, et qui, n'ayant à perdre ni argent, ni réputation, ni honneur, les entraîneront dans des spéculations ruineuses, avec l'intention de les tromper et de les spolier. Un ex-ministre, de déplorable mémoire, avait posé en principe que « le moyen le plus sûr et le plus court d'anéantir les théâtres était d'en augmenter le nombre. » Je suis de l'avis du révérend.

Paris n'est pas la seule ville où le dévergondage théâtral exercerait ses ravages; la province serait frappée du contre-coup, avec tous les accompagnemens d'embarras et de misère qui suivent toujours la désorganisation. Quelques grandes villes soutiendraient leurs théâtres, le nombre en serait exigu; les communes sont chiches et parcimonieuses pour les entreprises théâtrales, et, par le temps qui court, les premières chanteuses, les Elleviou et les Martin sont à la hausse.

Les théâtres des villes de second et troisième ordre seraient en majeure partie abandonnés ou livrés au premier occupant; des sociétés de comédiens parcoureraient la France en sens divers; presque toutes seraient incomplètes. Après courte et précaire existence, il est reconnu que les sociétés, à la suite de divisions et querelles produites par l'amour-propre ou la pénurie des recettes, se désorganisent et se dissolvent.

Avec la liberté illimitée des théâtres, pas un directeur de théâtre secondaire de province n'osera contracter d'engagemens sans certitude du nombre de théâtres indispensables à son exploitation; en échange on aurait à profusion des batelages et des tréteaux.

Cet exposé est la gravure lithographiée du tableau original des théâtres en 1793; il faut élaguer la puissance des assignats, et y substituer l'impossibilité de les remplacer par des écus; cet obstacle invincible abrégerait la durée de l'émancipation; mais le mal n'en aurait pas moins été produit : il faudrait tôt ou tard le reconnaître et revenir à une organisation réparatrice.

Barnave a dit : « Périssent les colonies plutôt qu'un principe ! » Les colonies ont péri et le principe avec elles.

Je me résume, et je rejette la liberté illimitée des théâtres, avec la conviction que cette mesure serait fatale aux entrepreneurs, aux comédiens, à l'art dramatique et théâtral, et à l'existence de ceux qui vivent des théâtres.

Une bonne organisation sera le chef-d'œuvre de la difficulté vaincue; tout doit nous faire espérer que l'expérience du passé sera mise à profit, produira les heureux résultats qu'on attend de l'avenir, et que l'ère nouvelle sera aussi féconde en succès que la dernière s'est montrée fertile en infortunes.

ACADÉMIE ROYALE DE MUSIQUE.

On ne sait pas, au juste, ce que coûte au gouvernement l'Opéra. Ceux qui l'ont dirigé depuis quinze ans seraient fort embarrassés d'en produire le budget exact. C'est un abîme sans fond, c'est le tonneau des Danaïdes. L'huile des lampes, les ailes des amours, les guirlandes des bergers, le chapitre des corsets, les diadèmes des rois, les serpens des Euménides, etc., enrichissent les fournisseurs. L'Opéra est depuis long-temps, pour un grand nombre d'individus, le véritable jardin des Hespérides. Un directeur, ou une compagnie intéressée, examinerait de plus près toutes les dépenses de cette vaste administration.

L'Opéra était, sans contesto, le premier théâtre du monde; mais depuis certain temps il n'est plus le patrimoine des musiciens français. Il faut être né en Calabre ou dans les états du pape pour inspirer confiance et intérêt à ceux qui le dirigent; aujourd'hui l'Opéra est envahi par les poètes et compositeurs italiens, et Rossini y règne en souverain. Ce système anti-national a été établi par l'ineptie de M. le chargé des beaux-arts, qui faisait consister une partie de la gloire de son pachalick à faire des réglemens de morale et des ordonnances de vertu pour les coulisses de l'Opéra, dont les ordres du jour allongeaient les jupes et remontaient les fichus des danseuses.

Le projet de livrer l'Opéra à la faction italienne ne peut être révoqué en doute. On devait immoler l'école française aux écoles italienne et allemande : Grétry, Lesueur, Méhul, Boïeldieu, Berton, Catel, Persuis, Kreutzer, Gossec, Hérold, Auber, etc., étaient signalés, par la coterie, comme incapables et indignes de se montrer sur notre première scène lyrique. La révolution de juillet ayant forcé le chef de la secte ultra-montaine à la retraite, tout indique que le système funeste d'implanter l'opéra italien à l'Académie royale de Musique sera repoussé par l'autorité qui aura ce théâtre dans ses attributions.

Sous l'Empire, la subvention pour l'Opéra s'élevait au plus à 600,000 fr.; sous l'administration déplorable de M. le vicomte de Larochefoucauld, 850,000 fr. ont été insuffisans, parce que, à l'expiration de chaque année, l'Opéra se trouvait grevé d'une dette flottante. Le caissier de la liste civile et M. le vicomte pourraient seuls faire de curieuses révélations sur le chapitre des dépenses.

Depuis, la direction du violon Viotti, de M. Duplantis, etc., jusqu'à M. Lubert, les choses ont été de mal en pis. Toutes les administrations qui se sont succédées à l'Opéra ont apporté leur contingent d'inertie, d'insouciance et de prodigalités, et la ruine de ce théâtre n'a été suspendue que par les sacrifices multipliés qu'a faits le gouvernement pour le soutenir.

Les frais de chaque représentation sont de 9,000 à 9,500 fr. Ces frais énormes proviennent de l'excessive augmentation des appointemens d'une foule de sinécures, d'abus, de monopole et de gaspillage, dont l'énumération dépasserait les bornes de cet article. Sans rien perdre de son luxe et de sa splendeur, l'Opéra peut être administré avec une subvention inférieure, malgré la suppression de l'impôt qu'il prélevait sur les autres théâtres de Paris; j'en indiquerai le plan et les moyens. Il faut sortir du temps, renoncer aux vieilles pratiques et faire taire la voix des préjugés.

L'examen de l'administration établie pour l'Opéra par M. le chargé des beaux-arts est vraiment chose curieuse; j'en trace ici brièvement le tableau : toutes les places et emplois, à prendre du directeur jusqu'au suisse, étaient à la nomination exclusive du noble vicomte : aussi en a-t-il usé largement en créant une profusion de sinécures pour ses protégés.

Le personnel, outre les acteurs, danseurs, etc., se compose de caissier, sous-caissier, secrétaire général, chef de contentieux, de bureaux, expéditionnaires, commis, employés, inspecteurs de toutes les parties, valets, et pour comble de ridicule, M. le directeur a ses jours d'audience et de réception! C'est une parodie de ministère.

Une réforme complète dans l'organisation intérieure et extérieure de l'Opéra est impérative et indispensable; il faut ouvrir les deux battans, et accueillir de préférence les poëtes et compositeurs de musique française. Quand la musique est expressive, et qu'elle accompagne de jolis vers, nous lui faisons fête sur nos scènes lyriques; les Italiens se contentent de beaux sons, les Français veulent des paroles. Si le brillant des roulades et des fioritures donne aux Italiens quelques avantages sur nos chanteurs français, le ridicule de leur jeu, la gaucherie de leur tenue, et surtout l'absurdité de leur *libretti*, ne peuvent soutenir la comparaison avec la noblesse de notre école de chant, le talent de nos acteurs, et la beauté de nos poèmes.

Il ne faut pas inférer de ma prédilection que je juge convenable de ne point admettre sur nos théâtres les ouvrages étrangers; italiens, français, allemands, espagnols, néerlandais, etc., doivent être accueillis avec égard, mais jamais au détriment des compositeurs français.

Une ère nouvelle présage des améliorations dans toutes les branches d'administration dépendantes du gouvernement; l'Opéra doit en conséquence subir des changemens dans toutes les parties de son exploitation. Sans rien perdre de son charme et de sa magnificence, ce théâtre peut, sous la gestion d'un administrateur éprouvé, offrir une importante réduction dans la subvention.

Il est généralement reconnu que l'Opéra est le premier théâtre de l'Europe; les étrangers ne nous ont jamais contesté cette supériorité, et ce beau spectacle n'est pas un des motifs les moins déterminans qui les attire et les retient parfois dans notre capitale; les habitans de nos provinces suivent la même impulsion, et les secours que le gouvernement accorde à notre Opéra sont largement compensés par les bénéfices qu'il procure au commerce et à l'industrie des habitans de Paris.

Je crois donc nécessaire et digne d'un grand peuple que l'Opéra soit administré pour le compte du gouvernement, et placé sous la dépendance immédiate du ministre de l'Intérieur, qui en réglerait les dépenses d'exploitation et choisirait les gérans.

Avec un directeur qui, aux connaissances positives, indispensables à l'exploitation de cette vaste usine théâtrale, réunira la probité et le dévouement, la subvention ne devra pas outre-passer le tarif de celle qui serait accordée à un entrepreneur à ses risques et périls, ou à une compagnie. Si ce dernier mode prévalait, tout porte à croire que les adjudicataires, après avoir fait dans leur budget la part des bénéfices dont il leur conviendrait faire réserve, ne pourraient donner à ce beau théâtre le charme et le luxe qui en font le principal mérite, et que le grand Opéra tomberait dans la catégorie des théâtres ordinaires et perdrait infailliblement sa réputation européenne.

SUR LE THÉÂTRE DE LA COMÉDIE FRANÇAISE.

Par ses écarts et ses égaremens, la Comédie-Française s'est ravalée à la position d'un spectacle de boulevard; aussi ce théâtre, qui, dans la hiérarchie, devrait être le premier, se trouve-t-il, pour s'être abaissé au mélodrame, dans le plus déplorable état. Si M. le chargé des beaux-arts, qui tenait la Comédie-Française sous sa dépendance immédiate, avait employé à encourager la bonne école les énormes capitaux qu'il a dépensés pour faire prospérer la mauvaise, notre premier théâtre ne serait pas tombé dans l'état d'abjection et d'abandon où il se trouve.

Signalons sans réserve les bévues et les folies qui ont conduit la Comédie-Française à une ruine qui la menace de dissolution. A la mort de Talma, la tragédie avait perdu tout son pouvoir dans l'esprit d'un public admirateur du plus beau talent du siècle, et d'un acteur dont le nom sur l'affiche remplissait la salle et maintenait au répertoire vingt tragédies de nos grands-maîtres. La perte était irréparable et commandait le repos au genre tragique; mais il restait encore des sujets remarquables dans Lafond, Mlle Duchesnois, Desmousseaux, Firmin, David, Michelot, etc. Il fallait attendre que le public désirât, demandât même la tragédie, et soigner l'ancien répertoire, en activant la représentation des pièces nouvelles; il n'en a pas été ainsi; M. le vicomte voulait faire prévaloir de bizarres novations; son plan de remplacer le grand Opéra par l'Opéra seria et les chanteurs italiens approchait de son exécution; il lui fallait un autre genre de célébrité; il la fonda sur le sot système de détrôner Corneille et Racine, et de faire représenter sur le premier théâtre de la nation les œuvres gigantesques et parodiées de Shakespeare et de Schiller. Il a fallu qu'il se trouvât à la tête de nos théâtres royaux un homme de cour assez mal inspiré pour introduire à la Comédie-Française des monstruosités romantiques repoussées par les règles, par nos mœurs et par le public. *Non erat hic locus.*

Tout en reconnaissant le mérite du *Tasse*, d'*Henri III*, d'*Hernani*, etc., il faut convenir qu'avec quelques mesures de ritournelle, ces pièces seraient, à juste titre, classées dans la catégorie des mélodrames; elles ont toutes les qualités et conditions du genre; aussi la Comédie-Française s'est-elle soumise aux décorations, costumes, changemens à vue, tableaux obligés et à toutes les dépenses qualifiées aux boulevards de mise en scène. Outre que les frais exorbitans dits de mise en scène ont absorbé partie majeure des recettes, la Comédie-Française a compromis, en pure perte, sa réputation et son existence; elle ressent depuis long-temps les résultats de ce malheureux essai, et elle expie aujourd'hui les saturnales auxquelles elle s'est livrée. On opposera sans doute que le public est blasé sur les ouvrages classiques, et que nos chefs-d'œuvre sont représentés dans le désert. Ces allégations ne sont pas fondées; donnez au public des pièces telles que *le Vieux Célibataire, les Deux Gendres, la Fille d'Honneur, l'École des Vieillards*, etc., etc., et le public fera foule. Si vous voulez que l'élite de nos auteurs s'occupe de vous et de la prospérité de votre théâtre, soyez prévenans et polis envers eux, Messieurs les comédiens français; ayez un comité de lecture et un directeur qui reconnaissent le mérite de leurs ouvrages, et ne faites plus l'école de refuser des pièces telles que *les Vêpres siciliennes*, etc., et de vous brouiller, par manque de procédés, avec nos poètes et nos littérateurs les plus distingués.

Rien n'est encore désespéré. La Comédie-Française offre une réunion de talens qu'on ne pourrait trouver dans tous les théâtres de France. Les bonnes traditions y sont conservées. Mlles Mars, Leverd, Dupuis, etc., MM. Firmin, Perrier, Monrose, Michelot, David, Samson, Grandville, etc., sont de dignes soutiens de la Comédie-Française; et comme ce n'est qu'au Théâtre-Français qu'on joue toujours très-bien la bonne comédie, il n'est pas impossible d'y rappeler le public; une bonne administration peut seule préserver notre premier théâtre d'une dissolution inévitable. MM. les comédiens français ne sont pas d'accord sur la gestion de M. le baron Taylor; plusieurs l'accusent d'avoir puissamment contribué à pervertir le Théâtre-Français par sa prédilection pour le genre mélo-romantique. Quelques-uns font l'éloge de son administration. La qualité de commissaire royal ne donnait pas à M. Taylor le droit exclusif d'accepter ou de refuser les ouvrages nouveaux; il n'avait qu'une voix au comité de lecture. En admettant la présentation, la lecture et la réception de pièces gigantesques, M. le commissaire royal obéissait à une volonté supérieure; il savait qu'il n'était pas inamovible; M. le baron Taylor était l'homme universel, le Michel-Morin de M. Sosthènes, qui l'envoyait parcourir l'Afrique, la Grèce et l'Égypte, pour nous rapporter des momies, des obélisques et des aiguilles qui ne nous coûtaient que 300,000 fr. Pendant ses longues absences, M. le commissaire royal ne pouvait administrer qu'en perspective; les comédiens étaient maîtres absolus, ils n'avaient qu'un régisseur à leurs ordres; il serait donc injuste d'attribuer au commissaire royal, dont les pouvoirs étaient limités, la décadence de la Comédie-Française; c'est au vandalisme du patron et au mauvais goût des sociétaires qu'il faut reporter la dégradation et la détresse de notre premier théâtre. En admettant que les reproches d'incapacité et de prodigalités adressés par les comédiens à M. le commissaire royal aient quelque fondement, M. le baron Taylor se consolera facilement d'un jugement qui ne peut altérer en rien les talens et la science dont il a fait preuve et qu'on lui reconnaît. La place de M. le baron Taylor est dans nos musées, nos bibliothèques et institutions de sciences et d'arts. La direction d'un théâtre peut ne pas lui convenir; un savant doit faire des livres; un auteur, des comédies et des tragédies; on ne peut être auteur et directeur. Pour exercer la dernière profession, les jours sont insuffisans, et la pratique et l'expérience sont des qualités indispensables qui ne s'acquièrent qu'avec le temps.

Pour arriver à un but désirable, il faut sortir de la routine, mettre au néant les anciens réglemens et les remplacer par un nouveau code de société établi sur des bases qui garantissent les intérêts des sociétaires, les droits des auteurs et les jouissances soldées du public. Les réglemens poudreux, sur lesquels, jusqu'à ce jour, les comédiens français se sont tenus à cheval, sont vicieux, contraires à leur intérêt particulier, aux progrès de l'art théâtral et à l'intérêt général.

Je veux qu'après la réception d'un ouvrage, sans égard aux droits d'ancienneté et de chef d'emploi, l'auteur, avec le seul concours du directeur, soit maître de la distribution des rôles à tel acteur et actrice qu'il jugera les plus capables de les remplir; que les feux et jetons soient répartis au zèle, au travail et au talent; que les congés soient rares, dispensés en saison réglée et jamais outrepassés; que les représentations bénéficiaires ne soient accordées qu'à l'ancienneté et aux services rendus; que la portion de subvention distraite soit répartie avec équité, que le devoir et le répertoire ne souffrent pas des caprices, des fausses prétentions, des vanités, migraines, attaques de nerfs, parties de campagne, etc., sans que de fortes amendes et de rigoureuses retenues soient imposées aux délinquans.

Je veux... je veux... vingt autres concessions, qu'un directeur, dans l'acception du mot, sait vouloir et obtenir.

Il est reconnu depuis long-temps que les comédiens ne peuvent vivre en république, et qu'une compagnie d'acteurs et actrices établie en société d'intérêt n'a jamais constitué que ce qu'on appelle en terme trivial une pétaudière); il devra donc y avoir un directeur, commissaire royal ou administrateur, comme on voudra l'appeler, investi de pleins pouvoirs, pour gérer le Théâtre-Français.

La subvention ne sera accordée aux comédiens français et autres théâtres royaux qu'à cette condition *sine quâ non*. Les théâtres soutenus par le gouvernement ne doivent plus être à l'avenir le patrimoine des hommes de cour. Le ministre de l'intérieur nommera le directeur; si le ministre se réserve également le choix des employés secondaires, il est à désirer que les candidats soient présentés par le directeur, pour s'assurer de subordonnés capables de le seconder dans sa gestion, et éliminer l'intrigue et l'incapacité qui depuis quinze ans a envahi les théâtres, et pleinement justifié l'épigramme de Beaumarchais : « Une place était vacante, il fallait un calculateur, ce fut un danseur qui l'obtint. »

La Comédie-Française est endettée; son passif est effrayant; il augmentera en raison de la stérilité de ses recettes quotidiennes. S'il est vrai que Napoléon l'ait dotée d'une rente de 80 à 100,000 francs, il faut, s'il est possible, disposer du capital, fondre la cloche et procéder à une liquidation.

Le Théâtre-Français recevait du dernier gouvernement une subvention généreuse; il faut la lui continuer, ainsi que les pensions acquises et à venir, et y ajouter la concession gratuite du théâtre; c'est assez, mais ce n'est pas trop; avec pareils secours et une bonne administration, la face de sa fortune changera en bref délai, et les subsides pourront par suite être réduits; il y a urgence; l'ancre de miséricorde est prêt à être lancé; un secours provisoire suspendrait un événement fâcheux.

Il y a espoir fondé et même certitude que la Comédie-

Française obtiendra bienveillance et protection du gouvernement; il suffira qu'il connaisse la position précaire dans laquelle se trouve l'édifice élevé par Molière.

OPÉRA - COMIQUE.

L'Opéra-Comique, a dit un écrivain distingué, est peut-être le genre le plus analogue à notre nature; je ne dis pas que ce soit le genre le plus noble, et le plus digne des bons esprits, je prétends seulement qu'il sympathise mieux avec la vivacité du caractère français.

Depuis long-temps, le théâtre de l'Opéra-Comique a succombé par intervalles, sous l'incapacité des précédentes administrations, et le désastreux patronage de grands seigneurs.

Le mal est grand; les sophismes et les absurdités, au moyen desquels on cherche à le dissimuler, ne sont qu'un artifice grossier dont les gens de profession ne peuvent se payer; dès que les défenseurs de MM. le duc d'Aumont, de Larochefoucault et de La Bouillerie ont avancé une opinion, ils se refusent à convenir qu'elle soit fausse; ils se croiraient même déshonorés d'en rien rabattre, et moitié illusion, moitié mauvaise foi, ils font arme de tout pour la défendre.

Pendant quinze ans des déficits considérables, dont les causes seraient faciles à expliquer, ont à diverses reprises conduit la société de l'Opéra-Comique à la veille d'une déclaration de faillite; mais M. le duc d'Aumont, dont la complaisance était inépuisable, arrêtait toujours un éclat fâcheux, en puisant à deux mains dans la caisse de la liste civile; M. le duc avait ses raisons pour en agir ainsi. M. le duc s'était institué l'autocrate de l'Opéra-Comique, et regardait les comédiens du théâtre Feydeau comme ses sujets; les choses allant de mal en pis, le patron et les clients se brouillèrent; le gouvernement paya une troisième fois les dettes de la société, qui consentit à sa dissolution, à l'abolition des pensions, et passa sous la dépendance de M. de La Bouillerie et la direction de M. Ducis.

M. le baron de La Bouillerie voulut marquer son avènement par un coup d'éclat, ou si l'on veut, par un coup d'état; pour ce faire, on chercha noise à la salle Feydeau; on l'accusa de vétusté, d'insalubrité, d'incommodité, etc. On fit construire dans un quartier mal choisi le théâtre Choiseul; l'édifice coûta cinq millions cinq cent mille fr. Outre que les dimensions du théâtre Choiseul dépassent les proportions déterminées pour le genre de l'Opéra-Comique, elles augmentent de 80,000 fr. les frais annuels de l'établissement, qui exige obligatoirement un surcroît d'employés, choristes, musiciens, comparses, luminaire et accessoires. La faute faite, il fallait la dissimuler en gardant le théâtre, dont on pouvait à volonté, changer l'intérieur, et l'ajuster à des proportions bien combinées. Il n'en fut point ainsi; d'une faute on marcha à une bévue; M. de La Bouillerie vendit le théâtre Choiseul, moyennant la somme de deux millions cinq cent mille francs, avec condition d'un privilége exclusif d'opéra-comique annexé audit théâtre, durant l'espace de trente-et un an; ledit privilége exploitable au profit de l'acquéreur, mandataires, ou ayant cause, dans l'hypothèse où, par force majeure, cas fortuit ou volontaire, le directeur privilégié nommé par le gouvernement abandonnerait la direction dudit théâtre. On peut voir que M. le baron financier de la cour fit une spéculation d'écolier qui a coûté trois millions au gouvernement.

Partant de cette époque, M. de La Bouillerie, après avoir détrôné M. le duc d'Aumont, empiéta largement sur les attributions de M. le chargé des beaux-arts; la clef de la caisse de la liste civile était entre les mains de M. l'intendant de la maison du roi; il prêchait l'économie, examinait les mémoires du grand Opéra, substituait les lacets de fil aux lacets de soie des corsets des danseuses, et par des mesures qu'on nomme en termes de coulisses économies de bouts de chandelle établissait sa domination sur le ridicule, laissant un libre cours aux abus et aux dilapidations.

Tout pouvoir est envahisseur : M. de La Bouillerie fit peur à M. Sosthènes, qui consentit à partager avec lui le régime des folies et des inepties. Les théâtres royaux, trop long-temps livrés à de présomptueux ignorans, ont souffert sous le rapport de l'art, des intérêts privés et de l'intérêt général; les deniers publics ont été mal employés, et dissipés en pure perte. Le moyen qu'il en fût autrement! M. le vicomte et M. l'intendant n'ont jamais eu la plus faible notion des causes qui amènent la chute ou la prospérité des théâtres.

Imaginez deux aveugles qui se disputent sur le nom qu'il faut donner à une couleur. Je signale les désordres passés afin de prévenir les désordres à venir; j'ai puisé mon antipathie contre les gens de cour et ma répugnance à leur confier à l'avenir le sort de nos théâtres royaux sur des faits patens et qui sont de notoriété générale. Je le répéterai à satiété : pour délivrer les théâtres de l'influence de ces gentilshommes nés avec une organisation faite à rebours du sentiment des beaux-arts, le moyen le plus sûr est de les placer sous la dépendance immédiate du ministre de l'intérieur.

A l'époque de la dissolution de la société, et la prise de possession de la direction par M. Ducis, le théâtre Choiseul appartenait à M. Boursault, qui le divisa en trois cents actions. Les conditions de location imposées au directeur étaient de 160,000 fr. par an, divisés et payables chaque jour au bureau de recette du théâtre, plus les entrées personnelles des trois cents actionnaires-propriétaires, dont quatre-vingts transmissibles; une loge, billets, etc. On voit d'après cet aperçu que M. Boursault entend les affaires. M. Boursault a été comédien, son talent remarquable le fit admettre à la Comédie-Française; il a été directeur de théâtre à Paris, et dans une cour étrangère. Il a fait partie de la Convention, dont il est honorablement sorti, sans mériter de reproche; il est aujourd'hui opulent capitaliste, et sa grande expérience lui a facilité les moyens de donner une leçon en matière de finances à M. l'intendant de la liste civile.

La translation de l'Opéra-Comique de la salle Feydeau au théâtre Choiseul a grevé l'entreprise de M. Ducis de 250,000 fr.; savoir: 100,000 fr. pour prix de location; 80,000 fr. pour augmentation de frais locaux, et 50,000 fr. pour les trois cents entrées. Dira-t-on que ces trois cents entrées ne portent qu'une mince préjudice à la recette? S'il est vrai que quatre-vingts billets peuvent suppléer à pareil nombre d'entrées personnelles, l'émission de ces billets fait un déficit à la caisse. D'autre part, dans les ouvrages à succès et représentations d'apparat, tous les actionnaires font acte de présence, les malades seuls manquent à l'appel, et il est arrivé que les bureaux de recette ont été fermés pour loger commodément les actionnaires. Les 300 de M. Boursault sont au théâtre Choiseul ce qu'ont été à la France les 300 de M. de Villèle.

Disons encore que, pour paraître compenser la perte éprouvée sur la salle Choiseul, M. de La Bouillerie a réduit à 120,000 fr. la subvention, et que, distraction faite de 80,000 fr. pour paiement des pensions, il restait 40,000 fr. au directeur. Ce n'est pas tout : pour combler la mesure de ses niaiseries, prétendues économiques, M. l'intendant de la liste civile supprima les pensions; cette suppression augmenta les prétentions déjà exagérées des comédiens, et les dépenses du personnel figurèrent en plus au budget pour une somme de 30,000 fr. Pour accepter l'entreprise et la direction d'un théâtre avec de pareilles charges, il faut être en démence et possédé du démon des coulisses. M. Ducis, eût-il eu les talens de tous les directeurs passés et présens, devait succomber, et il a en effet succombé, entraînant dans sa ruine un ami, qui a payé de la perte de sa fortune son association avec le malencontreux privilégié de l'Opéra-Comique.

Si l'Opéra-Comique a de grandes difficultés à surmonter, il a aussi de grands élémens de succès; c'est le genre le plus goûté, le plus attrayant, et le plus national; on en raffolerait s'il était entouré du spectacle et de la pompe dont il est susceptible. On peut former une excellente troupe d'opéra comique, mais une troupe ne suffit pas, il faut encore de bonnes pièces; car aujourd'hui, en fait d'ouvrages dramatiques, le public ne paie que sur estimation faite à l'avance.

Ici s'élève un incident; le théâtre de l'Opéra-Comique a été vendu avec garantie d'un privilége; les actes de l'intendant de Charles X, ont-ils été annulés par la révolution de juillet? C'est une question que je ne me permettrai pas de résoudre.

Deux moyens se présentent pour concilier les intérêts

du propriétaire et des comédiens : les théâtres de l'Opéra, de l'Odéon et de Favart appartiennent au gouvernement : celui édifié par ses soins et ses deniers, dans la rue Choiseul, aurait dû rester dans ses domaines : il faut rentrer en possession de cet édifice, ou y maintenir l'exploitation d'un théâtre d'opéra comique subventionné. De cette manière la vente ne serait plus une déception, et le droit de propriété resterait intact.

Avec la liberté des théâtres et la confusion des genres, on jouera et estropiera partout l'opéra comique. Un théâtre royal doit être spécialement destiné à ce genre national : les anciens ouvrages de nos compositeurs doivent en former le répertoire; la troupe doit être composée des premiers sujets du genre, et fermer la voie à la concurrence. Une subvention généreuse, un théâtre gratuitement concédé, et le rétablissement des pensions, doivent être accordé par le gouvernement. Il serait à désirer qu'à l'instar du grand Opéra, le théâtre de l'Opéra-Comique fût exploité pour le compte du gouvernement; la fusion de ces deux théâtres et l'annexe du Conservatoire présenteraient une réduction de tiers et moitié de la subvention antérieure sur les trois établissemens. J'en fournirai des preuves irrécusables par un projet d'organisation de facile exécution. On ne pourrait exiger que le bien s'opérât comme un changement à vue, mais il arriverait à pas comptés, si l'on veut, et le but serait atteint dans l'espace d'une année théâtrale, au plus tard. J'ai la conviction que mon projet est excellent; qu'on me le demande, qu'on l'examine, et on le jugera. Je n'ai pas le sot amour-propre de me croire pourvu d'un privilége d'infaillibilité.

THÉÂTRE ITALIEN.

Sous le double rapport de l'art dramatique et théâtral, le théâtre Italien n'est pour nous d'aucune importance; il est une des causes de la déplorable métamorphose qu'a subie notre première scène lyrique. Des millions ont été dépensés pour avoir à Paris un théâtre Italien. Napoléon, qui recherchait tous les genres de gloire, se chargea de l'entretien d'une troupe italienne; il est probable qu'il entra dans cette mesure plus de politique que d'entraînement pour la musique italienne, et que le conquérant de l'Italie voulait plaire à ses sujets italiens.

L'opéra séria fut joué à la cour et à la ville. Le soprano Crescentini recevait 60,000 fr. de traitement, et fut décoré de la croix de la Couronne de Fer; les émolumens de madame Grassini, dont Napoléon affectionnait passionnément la voix, la tournure élégante et la séduisante figure, étaient portés à 100,000 fr.; la subvention était fixée à 240,000 fr., et le théâtre gratuitement fourni. Ces généreuses prodigalités ne grevaient point les contribuables français. Bonaparte savait faire payer ses plaisirs au roi de Prusse et à l'empereur d'Autriche. Les temps sont changés! Les rois voisins ne sont plus nos tributaires; nous pouvons suffire à nos besoins; nos finances sont en bon état; mais ce n'est pas le tout d'être riches, il faut savoir faire bon usage de ses trésors.

Sous le rapport d'utilité, le théâtre Italien ne peut soutenir un sérieux examen. Les fanatiques de la musique et des chanteurs italiens voudraient faire contenir l'opinion publique dans le cercle étroit d'une coterie, et les flanqueurs de la secte se servent à l'unisson des mêmes moyens et des mêmes mots pour débiter leur orviétan. A les entendre, les partitions de nos compositeurs ne sont que des rapsodies et des œuvres décrépites. *Les Bardes*, *Euphrosine*, *Montano*, *Paul et Virginie*, *Jocondé*, *la Caverne*, *Stratonice*, *le Calife*, etc., etc., ne sont, d'après le jargon des frénétiques ultramontains, qu'un ramassis de chansons et de musique *à la Midas*.

Je rends justice au grand talent de Rossini; je suis admirateur de son génie musical, mais j'entends toujours avec plaisir la musique savante, harmonieuse, légère et gracieuse de Lesueur, Méhul, Berton, Kreutzer, Boïeldieu, Auber, Hérold, Dalayrac, etc., etc., que les thuriféraires du parti traitent poliment de *perruques*.

Je ne conteste pas la devancière supériorité des chanteurs italiens sur les chanteurs français, mais il faut de beaucoup rabattre de cette renommée exclusive depuis que *Moïse*, *la Muette*, et autres partitions du grand maître ont fourni à MM. Nourrit, Levasseur, Dabadie, à mesdames Damoreau, Dabadie, Javureck, etc., l'occurrence et les moyens de montrer qu'ils comprennent la musique et la méthode italienne, et qu'ils peuvent, sans trop de désavantage, soutenir la concurrence avec les chanteurs italiens. Que serait-ce donc si vingt chanteurs et cantatrices que je pourrais citer voulaient s'italiéniser et façonner leur éducation musicale sur les fioritures et la méthode italienne? mesdames Mainvielle, Damoreau et Méric-Lalande sont françaises d'origine, et italiennes par leurs études.

J'ai assisté à grand nombre de représentations données sur le théâtre Italien; je connaissais les partitions italiennes et allemandes qui avaient une réputation; j'ai voulu entendre les compositions de Rossini, voir et écouter Viganoni, Raffanelli, Mandini, Tachinardi, Garcia, Pellegrini,

Bordogni, Donzelli, David, Lablache, et tutti quanti. Je me suis fait échiner pour assister aux triomphes de mesdames Barilli, Morichelli, Catalani, Fodor, Baletti, Festa, Pasta, Pisaroni, Malibran, Sontag, etc., et j'avoue que je suis toujours sorti du spectacle enchanté de la musique, de son exécution, et du talent des chanteurs et des cantatrices.

Il faut à la vérité payer les jouissances musicales par de fréquens intervalles d'ennui et d'impatience. L'absurdité du libretto, le soporifique récitatif déblayé au son cuivré du piano, la gaucherie des acteurs, le ridicule de leur tenue, sont des tribulations qu'il faut subir, en attendant la cavatine, le duo et le finale préconisés, pour lesquels on n'exige que de bonne musique, des voix sonores, et une exécution précise. Le spectateur a tout le loisir de devenir observateur, et je transcris ici les remarques que j'ai faites sur le théâtre Italien.

Une soixantaine d'amateurs et de connaisseurs brevetés, qu'on nomme *dilettanti*, soutiennent la supériorité et l'infaillibilité de la musique et des chanteurs italiens ; ils assistent à presque toutes les représentations ; on les reconnaît à leurs contorsions, à leurs trépignemens, et aux *bravi* et *brava* qu'ils font entendre à satiété dans toutes les parties de la salle. Les loges se garnissent d'une société brillante de Français et d'étrangers ; les prôneurs crient sur les toits qu'il est de bon ton, d'étiquette, de fréquenter le théâtre Italien. Le surplus du public se compose de curieux, d'amateurs sensés, de moutons qui tombent en syncope au commandement, et de badauds qui, ne comprenant pas un mot de la langue italienne, se pâment de rire, par écho, des pasquinades du *buffo*. Ainsi que cela se pratique dans nos théâtres français, le secours des claqueurs a été mis en réquisition ; la bande est divisée en trois escouades ; les rieurs, les convulsionnaires et les malins, qui ont pour chefs trois Italiens placés dans les loges et balcons, et qui donnent les signaux d'applaudissemens, rire, extase et convulsions; enfin les énergumènes de la secte ont épuisé l'arsenal du charlatanisme pour justifier leur enthousiasme de commande, faire prévaloir leurs doctrines ultramontaines et imposer la vogue. Quelques efforts que fassent les partisans du dilettantisme, ils ne parviendront jamais à prouver que le théâtre Italien ait un but d'utilité, de morale ou de politique. A le considérer sous les rapports qui lui sont propres, c'est un spectacle d'agrément et de futilités, qui, pour être goûté, n'exige que des oreilles. C'est le théâtre des Quinze-Vingts.

Pour satisfaire aux exigences des amateurs raisonnables, aux caprices des fanatiques de la musique et des chanteurs italiens, j'approuve l'admission à Paris d'une troupe italienne, allemande ou espagnole; je suis d'avis qu'on fasse bon accueil aux étrangers : c'est le type de l'urbanité française; mais je m'oppose à la continuité des générosités du gouvernement envers ces étrangers. Je demande que les 100,000 fr. accordés par l'ancien gouvernement au théâtre Italien soient supprimés, et que les 40,000 fr. dévolus à l'illustre auteur du *Maometo*, pour fonctions d'inspecteur général du chant, qu'il inspectait de Florence ou de Pésaro, soient répartis sur les compositeurs français et professeurs de chant de notre école. Que si l'on veut continuer au privilégié du *far niente* le traitement de cardinal dont l'a si bénévolement gratifié M. le vicomte chargé des beaux-arts, ce soit à la condition de fournir chaque année, à nos théâtres lyriques, trois opéras au moins de sa composition; Gluck et Sanchini recevaient cent louis pour *Armide* et pour *Œdipe!*

De toutes les capitales de l'Europe, Paris et la seule où le théâtre Italien soit à la charge du gouvernement, et le lord trésorier du roi d'Angleterre n'accorderait pas un scheling de subvention à l'*impresario* Barbaja.

CONSERVATOIRE,

ÉCOLE DE MUSIQUE RELIGIEUSE.

Le Conservatoire coûte, dit-on, chaque année 180,000 f., et, jusqu'à ce jour, le but de cette institution a été faussé. Une école de déclamation y a été créée : en vingt ans, il n'en est pas sorti un seul sujet marquant. Qu'on me dise quels talens ont formé les leçons de Lafond, Baptiste, Michelot et autres professeurs? Il faut y renoncer, et convenir que l'art du comédien ne s'enseigne point : on naît comédien comme on naît poète; la pratique, pour le comédien, est le meilleur maître après les dispositions naturelles.

Les qualités requises sont nombreuses : à un organe sonore il faut unir le sentiment, l'âme, l'expression, la chaleur et une diction pure; les avantages physiques sont également nécessaires, mais ils n'exercent au théâtre qu'un effet secondaire; ils disposent à la bienveillance, mais s'ils ne sont accompagnés de qualités morales, si l'individu qui les possède manque d'intelligence et de sensibilité, le spectateur n'en devient que plus sévère; il s'indigne de ne trouver rien que de vulgaire sous des dehors si prévenans, et repousse, avec le dépit que cause une déception, cet automate qui tient la place d'un être animé. Le public, au contraire, accueille l'acteur qui, peu favorisé de la nature, rachète ses défauts physiques par une ame ardente, une diction juste, et cet aplomb qui distingue le vrai comédien : les succès obtenus par un tel acteur sont d'autant plus puissans qu'ils sont enlevés de surprise, et qu'ils triomphent des préventions qu'au premier aspect le personnage avait fait éprouver.

Lekain était petit, laid et mal fait; sur la scène, il était plein de grâce et de noblesse; l'art en lui corrigeait la nature, son talent produisait un effet prodigieux.

Talma a végété trois ans dans les coulisses de la Comédie-Française, jouant les amoureux de *l'Avocat Patelin*, du *Médecin malgré lui*, et des confidens de tragédie. Mlle Mars a long-temps balayé le théâtre dans les amoureuses de *Crispin médecin*, de *la Gageure*, etc. Tout passage à la découverte de leurs grands talens leur était fermé par l'ambition des chefs d'emploi et la stupidité des réglemens: ce ne fut que par cas fortuit que Talma parvint à développer les germes d'un mérite remarquable. Chénier lut son *Charles IX*: reçu à l'unanimité, l'auteur, qui avait deviné le talent de Talma, dont il était l'ami, exigea que le rôle de Charles lui fût réservé. Durant les quatre premiers actes de la tragédie, le rôle est insignifiant; mais à la dernière scène Talma fut tellement effrayant de vérité, et produisit un effet si terrible, que de ce moment sa réputation de grand tragédien fut constatée: à dater de cette époque, il marcha à pas de géant à une célébrité justement méritée.

Mlle Mars fonda sa réputation par une autre voie : son chef d'emploi fit une maladie grave et longue, qui permit au *diamant* de se montrer dans les ingénuités du *Philosophe*, de *l'Épreuve*, etc. elle était alors l'une des plus jolies femmes de Paris: le public la trouva ravissante, et rompit la barrière d'ancienneté, de chef d'emploi et des réglemens de l'aréopage de la Comédie-Française.

Talma et mademoiselle Mars sont, sans contester, les

premières notabilités théâtrales du siècle, et le Conservatoire n'a pas la plus mince parcelle à revendiquer sur leurs talents : la nature avait créé l'art, l'étude et la pratique ont perfectionné. Terminons mes citations.

Lekain, Molé, Brizard, Préville, Monvel, Grandménil, Dugazon, Fleury, Dazincourt, mesdames Dumesnis, Clairon, Saint-Huberti, Sainval, Raucourt, Contat, Dugazon, Joly, Devienne, etc., n'ont point été élèves du Conservatoire. Avant la révolution de 89, il était facile de trouver en province les emplois vacans à la Comédie-Française ; les directeurs des théâtres de Bordeaux, Marseille, Lyon, Rouen, Nantes, Strasbourg, Lille, Toulouse, Montpellier, Metz, Nancy, Versailles, etc., étaient obligatoirement tenus à une troupe complète de comédie et de tragédie : la Comédie-Française pouvait s'y recruter convenablement. Les villes secondaires offraient parfois des sujets d'un talent remarquable, et la majorité de nos grands comédiens ont fait leurs premières études sur les théâtres de province.

Les ordres de début ont été révoqués, les guichets du Fort-l'Évêque ont été murés, c'était dans l'ordre ; mais le mélodrame et les drames à tableaux sont arrivés avec leur épouvantable attirail. Grâce au bon goût de M. le vicomte chargé des beaux-arts, et à la prédilection des comédiens qui leur ont ouvert les portes de la Comédie-Française, ils ont paralysé les représentations de nos bons ouvrages, gâté le goût, et perverti notre première scène. La province a ressenti le contre-coup : on y trouve des comédiens qui jouent le mélodrame et la pantomime ; mais sur deux mille on aurait peine à former deux troupes capables de jouer convenablement la comédie de mœurs et la tragédie.

Je crois avoir évidemment prouvé que l'école de déclamation établie au Conservatoire est inutile aux progrès de l'art théâtral, et n'a été jusqu'à ce jour, pour le gouvernement, qu'une charge inopportune dont il doit se débarrasser.

Il n'en est pas ainsi des écoles de chant, de composition et de musique instrumentale; sous ce triple rapport, le Conservatoire a rendu d'éminens services, et grand nombre de sujets distingués sont sortis de cette institution.

Je propose, en conséquence, le maintien du Conservatoire, avec les changemens et modifications commandés par l'expérience du passé. Je donne ici un aperçu du projet que je crois utile et économique.

Trente élèves des deux sexes seraient admis et entretenus; ce nombre serait toujours au complet. Trente externes seraient également reçus, et remplaceraient de droit les entretenus.

Aux professeurs français seraient adjoints des professeurs de chant et de langue italienne; les entretenus seraient à la disposition des théâtres royaux et lyriques placés sous l'influence du Gouvernement, pour coryphées, chœurs, concerts, débuts et remplacement dans les emplois vacans.

On sait que dans un accès de ferveur jésuitique, M. le chargé des beaux-arts a fondé une institution de musique religieuse, dont les élèves étaient destinés aux cathédrales et aux couvens: il n'en coûte au gouvernement que 50 à 60,000 fr., pour entendre trois fois en carême les *Requiem* et les *Miserere* de cette école inutile, qu'il est instant de supprimer, et dont les élèves passeraient de préférence à l'enseignement du Conservatoire.

Je me borne à indiquer les bases et le but du Conservatoire régénéré: l'institution serait établie sur des réglemens dont l'exécution serait confiée à un directeur-compositeur français. Avec une telle organisation, il est présumable que dans un temps donné, nos chanteurs français pourraient exécuter sur nos théâtres les partitions italiennes. De plus, il y aurait sur la subvention une économie de 170,000 fr. au moins, que je trouve dans les 100,000 fr. accordés au théâtre Italien, 50,000 fr. à l'institution de musique religieuse; la suppression de l'Ecole de déclamation, que je ne compte pas, et le traitement anodin de 40,000 fr. de M. Rossini.

Ces observations méritent, je crois, examen et considération.

THÉATRE DE L'ODÉON.

Diverses considérations doivent maintenir l'Odéon dans la catégorie des grands théâtres. Il est évidemment démontré qu'il faut un théâtre au faubourg Saint-Germain, et qu'il ne pourrait s'y maintenir s'il n'était étayé des secours du gouvernement. Le voisinage de la Chambre des pairs semblerait devoir être d'une heureuse influence sur l'Odéon; il n'en est point ainsi : la haute aristocratie du noble faubourg, si richement dotée, pensionnée et surtout si favorisée dans le partage du milliard d'indemnité, n'a point de loges à l'année à l'Odéon, qui périt sous le poids de sa dignité et le grandiose de son monument. Plusieurs entrepreneurs se sont ruinés et ont succombé; et, malgré les efforts du directeur actuel, sa prospérité est fort équivoque, nonobstant le secours subventionnel de 160,000 fr. et la concession gratuite du théâtre.

L'Odéon, dans la hiérarchie, a été classé comme annexe de la Comédie-Française; s'il n'a pas atteint complétement le but de son institution, il a été d'une utilité notoire à plusieurs auteurs distingués qui, fatigués de la morgue et des mauvais procédés de messieurs de la Comédie-Française, ont porté au faubourg Saint-Germain leurs ouvrages dédaignés ou négligés par l'aréopage de la rue Richelieu. Des succès brillans et mérités ont souvent averti messieurs les membres du comité de lecture du Théâtre-Français du peu de confiance que devaient inspirer leurs jugemens; ils n'ont tenu aucun compte des écoles qu'ils ont faites et des leçons qu'ils ont reçues. M. le vicomte chargé des beaux-arts et son comité de lecture étaient là pour encourager et accueillir de préférence le dévergondage du drame romantique.

Puisqu'il est de fait que la haute aristocratie et les riches du faubourg Saint-Germain répudient un théâtre placé sous leur patronage, il faut, en reconnaissant que le quartier n'est ni assez riche ni assez populeux pour l'entretenir, donner à ses habitans faculté de le fréquenter. Les moyens qui me paraissent les plus sûrs sont de réduire le prix des places et de les ajuster aux médiocres fortunes de la bourgeoisie et du petit commerce.

L'Odéon était tenu à jouer la comédie et la tragédie. Ce genre d'ouvrages n'entrant que très-accessoirement dans les goûts des habitans du quartier, le directeur aura, selon toute apparence, liberté de former son répertoire de pièces de tous les genres; si cet article du projet de loi sur les représentations théâtrales n'était pas adopté, il faudrait en faire la concession exclusive à l'Odéon; de cette manière on pourra parvenir à faire de ce théâtre un établissement utile au quartier et avantageux à l'entrepreneur.

Ici se terminent mes documens et observations sur les théâtres royaux.

Une multiplicité de questions s'élève sur la destination et l'avenir des grands théâtres de la capitale.

Aurons-nous des théâtres royaux subventionnés ? quel en sera le nombre ? sous quel régime seront-ils administrés ? sous la juridiction de quelle autorité passeront-ils ? Hasardons nos prévisions.

L'Opéra doit être administré pour le compte du gouvernement; un directeur ou une compagnie, à risques et périls, qui, par adjudication ou soumission au rabais, serait chargée de l'exploitation, ne pourrait donner à ce beau spectacle la magnificence et le charme qui ont fondé sa réputation européenne. Dans toute spéculation il faut faire la part des bénéfices. Si l'Opéra est à la charge du gouvernement, il faut reconnaître qu'il répand des millions sur le commerce de Paris.

Je ne hasarde rien en assurant qu'aux représentations d'apparat les dépenses de toilettes, bijoux, équipages, objets de luxe et accessoires s'élèvent de soixante à quatre-vingt mille francs. L'Opéra, constitué en régie intéressée, tomberait, quel que fût le cahier des charges, dans la catégorie des théâtres des grandes villes de province; je pense donc et j'espère que le grand Opéra restera dans les domaines et sous la dépendance du gouvernement. Avec une administration probe et capable, la subvention n'excéderait que raisonnablement celle qui serait accordée à un entrepreneur.

Le seul mode d'administration applicable au Théâtre-Français est celui d'une direction sous la dépendance du gouvernement. Dans mon article sur la Comédie-Française, je suis entré dans les détails de l'exploitation que je crois la plus salutaire à notre premier théâtre.

Il est à désirer que l'Opéra-Comique, dont le genre est

national, soit étayé de la protection et des secours du gouvernement. L'Odéon réclame également sa part de bienveillance.

Nul doute que tous les théâtres du royaume seront placés dans les attributions du ministre de l'intérieur, qui, pour me servir des expressions d'une femme d'esprit, a la *rage de bien faire*.

Une commission chargée d'examiner les théâtres, sous le triple rapport législatif, littéraire et financier, a terminé son travail et préparé la loi principale.

Une seconde commission s'occupe des affaires embrouillées et de la nouvelle organisation de l'Opéra.

Enfin le ministre a remis aux soins d'une troisième commission les futures destinées du Théâtre-Français.

Les membres qui composent ces commissions sont autant recommandables par leurs talens, leur science et leurs hautes capacités, que par leur indépendance et la noblesse de leur caractère. Il y a donc garantie irrécusable d'un avenir favorable aux théâtres.

L'année théâtrale touche à sa fin, et depuis six mois les théâtres royaux vivent sur le provisoire. En politique comme au théâtre, le provisoire est désastreux, et le pire de tous les partis est de n'en prendre aucun.

Les théâtres de province sont maintenant *in statu quo* jusqu'en 1832; ce n'est pas le côté brillant de leur position; au moins les directeurs sont assurés de trouver appui et bienveillance près d'un ministre qui protège les arts, et d'un chef des théâtres qui comprendra et accueillera leurs réclamations. Sous le chef de division, M. Coupart remplissait, à la satisfaction générale, les fonctions de chef de bureau; vingt-huit ans de service, une longue expérience et des connaissances positives n'ont pu le préserver d'une brusque destitution; il a été rangé dans la première catégorie des proscriptions du ministère Labourdonnaye. Tous les auteurs, littérateurs, directeurs, etc., qui ont eu des rapports avec M. Coupart, verraient avec satisfaction que cette injustice, que je signale à dessein, fût réparée; je ne crains point de démenti sur les témoignages que j'invoque.

THÉATRES

DU VAUDEVILLE, VARIÉTÉS, GYMNASE, NOUVEAUTÉS
ET PETITS THÉATRES.

LE VAUDEVILLE est le doyen des théâtres secondaires; dans sa création, c'était un des plus agréables spectacles de la capitale; débordé par ses rivaux, il a dénaturé le genre gai, malin, villageois et critique qui avait établi sa vogue. Deux causes ont produit la situation précaire dans laquelle il se trouve, le nombre de ses concurrens exploitant le même genre, et l'incapacité de plusieurs de ses directeurs. Si, comme tout porte à le croire, le théâtre Montansier, est autorisé, son voisinage ne peut manquer d'être fatal au Vaudeville, et d'augmenter les embarras de sa position. Le Théâtre-Français ressentira également le contre-coup.

LE THÉATRE DES VARIÉTÉS est enfant de la révolution de 89. Exploité d'abord par une fraction de la Comédie-Française, puis par une troupe qui représentait pièces d'intrigue espagnole de Dumaniant, et soutenu par les talens de Monvel, Michot, Bordier, Beaulieu, Baptiste cadet, etc., ce théâtre obtint une vogue momentanée; il changea de genre; on y représenta des pièces en prose et en couplets qu'on nomma variétés. Brunet, le comédien de la nature, fixa l'affluence, et de ce moment jusqu'en 1820, les bénéfices annuels de l'entreprise ont été considérables, et ont enrichi tous les entrepreneurs. La fortune du théâtre des Variétés a changé; les pertes se succèdent depuis plusieurs années.

GYMNASE. Je pourrais établir le bilan des théâtres secondaires; je connais leurs charges et leurs ressources; presque tous se trouvent dans un état de détresse plus ou moins voisin de leur chute : le Gymnase est en apparence le plus fortuné. Les actionnaires, bailleurs de fonds, pourraient seuls indiquer le tarif annuel des intérêts de leurs capitaux, et faire sur les recettes et dépenses des révélations positives. M. Poirson, dont on s'accorde à reconnaître l'habileté, a ouvert aux comédiens la voie des prétentions exagérées, et porté aux entreprises théâtrales un préjudice irréparable, en accordant, sans débattre, aux acteurs et actrices qui lui convenaient, les appointemens qu'ils exigeaient; en payant les dédits de tels et tels qu'il enlevait à ses confrères, et par cette espèce d'embauchage qui menaçait toutes les entreprises, forcé tous les entrepreneurs à subir les exigences ruineuses des comédiens dont le talent était remarqué à leur théâtre. Qu'on ne croie pas que ces moyens soient les élémens de la prospérité du Gymnase, dont les frais énormes absorbent en presque totalité les recettes!

La troupe du Gymnase est très-bien composée; mais elle est de bien peu supérieure à celles du Vaudeville, des Variétés et des Nouveautés, où l'on trouve Lepeintre, Bernard-Léon, Odry, Bouffé, Vernet, Philippe, Mesdames Albert, Dussert, Clara, etc., pour balancer Gontier, Numa et Mme Jenny Vertpré.

La vogue et les recettes du Gymnase sont dues à M. Scribe,

l'un de nos auteurs les plus spirituels et les plus féconds. M. Scribe a deviné le goût de l'époque; en l'attachant presqu'exclusivement à son théâtre, M. Poirson a fait un coup de maître. M. Poirson est le directeur, M. Scribe la roue de fortune du Gymnase et de M. Poirson; les droits d'auteur de M. Scribe s'élèvent à 100,000 francs par an, *bene sit*. C'est une fortune bien acquise; il reste un regret aux amis des beaux-arts, c'est que M. Scribe n'ait pas donné suite à ses premières incursions sur le Théâtre-Français. Si *le Mariage d'argent* n'est pas une comédie exempte de critique, si *Valérie* frise de trop près le mélodrame, ces deux ouvrages offrent un mérite intrinsèque qui garantit à leur auteur des succès plus prononcés et de meilleur aloi.

NOUVEAUTÉS. Le théâtre des Nouveautés est une création de M. de Corbière, qui se faisait gloire de n'avoir pas mis le pied dans un spectacle depuis trente ans, et fournissait, sur première demande, aux dépenses des chapelles et aux frais d'incursion des missionnaires. Ce théâtre inutile a dévoré des millions; l'inexpérience des précédens directeurs chargés de sa gestion est la cause principale de sa détresse. Le traitement fait à Potier s'élevait à 70,000 fr.; savoir : 50,000 fr. comme comédien, 10,000 comme chef de la scène (vocabulaire de fraîche date); feux, 100 fr. par représentation; *item*, une loge, billets, etc. Sur visa de pareilles transactions, on peut envoyer le signataire à Charenton. Quatre théâtres de vaudeville, autant pour le mélodrame; il y a surabondance de moitié. Une réunion d'intérêt pourrait seule rendre les entreprises fructueuses.

LA GAITÉ est le plus ancien des théâtres du boulevard. Nicolet et Bourguignon, son gendre, y ont fait fortune; les héritiers de ce dernier ont transmis à M. Marty l'exploitation de leur théâtre; une administration habile et prudente a maintenu l'entreprise en bon état. *La Prière du Pape*, au Néorama, a fait surgir un dix-septième théâtre, dont le voisinage doit porter préjudice à celui de la Gaîté, déjà battu en brèche par les Funambules, les Acrobates, etc., qui préludent à la liberté grande de jouer les pièces de tous les genres. Malgré ces rivalités, le théâtre de la Gaîté n'est point en péril sous la direction de M. Marty.

LE THÉATRE DE L'AMBIGU-COMIQUE est le cadet de la Gaîté. Audinot, après un long temps d'une fructueuse exploitation, mourut et laissa son héritage à son fils mineur. Corse arriva à la naissance du mélodrame; aux capacités d'excellent directeur, il réunissait le talent de comédien; en douze ans d'exploitation, les bénéfices de Corse dépassèrent un million.

Après l'incendie de l'Ambigu, des actionnaires furent appelés à l'établissement d'un nouveau théâtre; ils fournirent 1,400,000 fr.; la direction fut confiée à M. S..., qui, après trois ans de gestion, présenta un déficit de 900,000 fr., y compris l'arriéré dû aux entrepreneurs. A la suite de débats et mémoires scandaleux, M. S... fit retraite, et céda la place à M. T..., qui hasarda et perdit sa fortune dans une entreprise sur laquelle il n'avait que de vagues notions. La faillite a été déclarée en juillet dernier.

Les actionnaires ont perdu leur mise de fonds et ont été éliminés du théâtre; la direction en a été remise par les créanciers à M. Lemétayer, ancien directeur des théâtres de Boulogne, Calais et de l'Odéon.

Le théâtre de l'Ambigu a péri sous le poids de l'incapacité de ses directeurs; sa position, l'exiguité de son cadre, qui permet un budget modéré, et la nouveauté d'une jolie salle, étaient une sûreté d'élémens de succès dont n'ont pas su profiter de malencoutreux administrateurs.

C'est particulièrement aux théâtres qu'il faut appliquer cet axiome ;

> Tant vaut l'homme, tant vaut la chose.

LE THÉATRE PORTE SAINT-MARTIN ne laisse rien à désirer Sa position, le grandiose et la beauté de son cadre, sont de puissans auxiliaires à sa prospérité. Si l'on admettait l'établissement d'un théâtre destiné au genre romantique, le théâtre Porte Saint-Martin mériterait préférence; ses frais d'exploitation exigent un directeur expérimenté. Bonaparte, dans l'un de ses accès de bile arbitraire, fit fermer dix théâtres, ruina les entrepreneurs et réduisit à la misère 3,000 individus. Le délai de clôture fut fixé à huit jours; le théâtre Porte Saint-Martin fut compris dans cette proscription.

Le 26 décembre 1814, le théâtre fut rouvert; quatre ans d'exploitation du directeur privilégié présentèrent les plus favorables résultats. Un sieur Lefeuve, ex-huissier, prit la direction; il n'y perdit rien : il n'en fut pas ainsi des actionnaires. Il ne suffit pas qu'un directeur ait les capacités nécessaires à sa profession, il faut qu'il soit homme d'honneur et de probité la plus scrupuleuse, surtout lorsqu'il a été investi de la confiance et de la gestion des intérêts du gouvernement ou des tiers. Une administration théâtrale offre un vaste champ aux dilapidations, soustractions, monopole et à tous les genres de rapine; elles peuvent facilement échapper à la surveillance d'hommes étrangers aux rouages compliqués d'un théâtre. Lefeuve n'est pas le seul directeur qui se soit enrichi lorsque les actionnaires ont éprouvé des pertes; il a des compagnons de fortune acquise par les mêmes moyens. M. D... a succédé à Lefeuve; en moins de quatre ans, ses pertes se sont élevées à 300,000 fr. C'est à lui qu'on doit l'introduction des feux et des jetons aux comédiens du boulevart. M. D... céda à M. M..., qui perdit en trois ans 300,000 fr., et fut déclaré en faillite le 5 janvier 1830.

La nature des recettes des deux directions devait, pour sept années d'exploitation, produire un bénéfice de 400,000 francs. Pour opérer cette métamorphose, il n'a manqué qu'un directeur.

Le théâtre Porte Saint-Martin est aujourd'hui placé sous la direction de M. Crosnier; les bénéfices de sa première année d'exploitation doivent être approximativement évalués à 150,000 f., au moins; il y a certitude d'une administration bien entendue, prudente et active.

CIRQUE OLYMPIQUE. Je ne connais qu'imparfaitement la position du Cirque; ce qui est de notoriété publique, c'est que ce théâtre a été contraint à déposer son bilan, malgré les efforts des directeurs, dont on reconnaît généralement l'excellente gestion.

J'ai exprimé mes motifs, mes craintes et mon antipathie contre la liberté des théâtres; leur multiplicité est, dans mon opinion, l'une des causes principales de leur décadence. On compte dans Paris quatre théâtres de vaudevilles et quatre de mélodrames; c'est trop de moitié au moins; une fusion de deux théâtres, ou, ce qui serait mieux encore, une réunion d'intérêts de quatre théâtres du même genre, présenterait de grands avantages.

De cette manière, les recettes de huit théâtres seraient réparties sur quatre; les entrepreneurs, en éteignant la rivalité, ne recevraient plus la loi des prétentions exagérées de certains comédiens; le classement des répertoires fournirait des moyens faciles d'administration. Pour compenser la charge des loyers, on exploiterait les quatre théâtres les lundi, jeudi, dimanche et autres jours, si on le jugeait utile. Pour ce faire, deux troupes fortes et complètes, avec quelques emplois doubles, seraient suffisantes, et de cette manière les frais d'exploitation des quatre théâtres subiraient un tiers au moins de réduction. Ce projet, qui exigerait des développemens étendus, est facile d'exécution; il ne présenterait d'obstacles qu'à des novices; j'en connais les conséquences, et je puis en garantir les résultats avantageux.

Pour exploiter la ceinture des théâtres que les frères Séveste ont établis autour de Paris, leur troupe donne le dimanche deux à trois représentations; les omnibus et le fourgon de l'administration transportent les acteurs habillés du Mont-Parnasse à Belleville, et des Batignolles à la barrière d'Enfer.

La vanité, les fausses prétentions, la sottise et l'entêtement s'opposeront sans doute à l'exécution d'un pareil projet; on le traitera même de gigantesque et de ridicule. « Advienne que pourra! » Avec la liberté des théâtres, je crains pour le sort futur des entreprises, et leur avenir me semble noir d'infortunes.

PETITS THÉÂTRES. En examinant la situation des petits théâtres, on voit que tous ont fait et font fortune. Les Funambules, Madame Saqui, Comte et Bobineau, partagent, bon an mal an, 120,000 fr. de bénéfice. Ces directeurs peuvent dormir sur les deux oreilles, et n'ont d'autre chance à courir que celle d'un peu plus ou un peu moins de gain.

Sous le rapport financier, ces entreprises sont préférables à celles de tous les autres théâtres de la capitale; je sais qu'il faut que le bon peuple s'amuse; il se porte aux Funambules; là, le parterre est à 8 sous, les baignoires à 15, les balcons et les loges grillées à 1 fr. 50 c., pour la bonne société, car elle se faufile partout. Qu'on aille voir *la Mère l'Oie*, avec ses douze changemens à vue, et j'assure aux plus exigeans qu'ils seront satisfaits du spectacle, qui se répète trois fois les dimanches et deux les lundi et jeudi de chaque semaine. Les frais ne grèvent pas l'entreprise; les ouvriers dramatiques des premiers emplois reçoivent 4 fr. par jour, les seconds emplois 3 fr., et les droits d'auteur sont taxés à 1 fr. 50 cent. par acte.

Je me suis procuré le nombre des théâtres de société, spectacles de curiosités, cafés-théâtres, cafés-musique, panorama, diorama, néorama, cosmorama, bals, vauxhalls, marionnettes, cabinets de figures, automates, ménageries, réunions de société, etc. Ils sont au nombre de cinquante-six; il y en a pour tout le monde et pour tous les goûts.

THÉATRES DES GRANDES VILLES DE PROVINCE.

Les théâtres de province sont frappés des mêmes calamités que ceux de la capitale, et souffrent depuis long-temps de l'indifférence du public, de la pénurie des recettes, et de la lésinerie des subventions. Le public est d'une exigence qu'il est presque impossible aux directeurs de satisfaire; l'opéra comique est le genre de rigueur, et chaque ville élève la prétention d'avoir les premiers sujets. Cette fureur d'opéra comique est fort embarassante pour les directeurs de province, qui ne peuvent ouvrir leurs théâtres sans cette condition *sine quâ non*. Au renouvellement de l'année théâtrale, les débuts sont la première affaire du lieu. Examinons la position, et désignons les ressources que peuvent offrir les théâtres des villes les plus populeuses du royaume.

BORDEAUX. Le grand et le petit théâtre sont placés sous la même direction : sans l'appui et les recettes du cadet, l'aîné périrait chaque année d'inanition. La salle de spectacle, l'une des plus belles de France, offre aux négocians de vastes et beaux foyers, qui forment le soir une succursale de la Bourse. La comédie et la tragédie y sont à peine écoutées. Des conversations s'établissent parfois d'une loge à une autre, et de l'orchestre aux balcons; les spectateurs y parlent plus haut que les acteurs : pendant la représentation du *Misanthrope* on traite de café et de cotons, et durant celle d'*Athalie*, de cochenille et de surons d'indigo; vienne l'ariette à roulade ou le ballet, le plus grand silence règne dans toutes les parties de la salle. Les habitans exigent pour le grand théâtre comédie, tragédie, grand opéra, ballets d'action et opéra comique. Le petit théâtre, père nourricier du grand, est destiné au vaudeville, variétés, mélodrame et pantomime. Le grand théâtre appartient à la ville, qui le concède gratuitement au directeur, et lui accorde une subvention de 40,000 fr. Ces faveurs n'ont pas été suffisantes; plusieurs directeurs ont succombé sous le poids des pertes, et aujourd'hui les théâtres de Bordeaux, abandonnés forcément par l'entrepreneur, sont tombés à la charge de la ville.

LYON. Ce que j'ai dit sur les théâtres de Bordeaux est généralement applicable à ceux de Lyon. Le public de Lyon est moins exigeant. La ville fournit au directeur un secours de 90,000 fr., et le grand théâtre gratis. M. Singier a succédé à M. Prat, l'un de nos plus habiles directeurs; tous les deux ont présenté une gestion honorable et profitable à leur fortune; les autres époques ont été marquées par la ruine et les faillites.

MARSEILLE. Le souvenir de sa gloire et de sa fortune

passée rend la ville de Marseille exigeante; elle ne veut rien rabattre de ses prétentions; et cependant les recettes de ses théâtres ont baissé depuis quinze ans de près de moitié, et produit une série de ruines et de banqueroutes. Le dernier directeur, M. Bernard, dont les talens administratifs sont connus, y a succombé. Il faut donc reconnaître que, malgré sa population de 110,000 ames, cette ville ne peut entretenir deux théâtre. Si Marseille tient à honneur de conserver l'ancienne splendeur de ses spectacles, il faut qu'elle les fasse exploiter pour son compte, ou qu'elle double sa subvention de 50,000 fr., et accorde gratuitement les deux théâtres au directeur.

ROUEN. Salut à la cité qui donna le jour à Corneille ! Les habitans de Rouen ont religieusement conservé le goût de la bonne comédie et de la tragédie ; Molière, Corneille, Racine, etc., sont pour eux un objet constant de vénération, et *le Misanthrope, Cinna, Tartufe, Phèdre*, accompagnés d'un opéra comique, sont toujours assurés de produire affluence à leur théâtre. Les Rouennais veulent de bons acteurs pour représenter nos chefs-d'œuvre, et les productions de nos modernes auteurs dramatiques; de toutes les villes du royaume, Rouen est la seule où l'on trouve une troupe complète de comédie et tragédie. La ville de Rouen veut de même le genre d'opéra comique et du vaudeville; elle n'attache aucune importance aux ballets et à la danse, elle n'en exige pas. Le public juge sainement les ouvrages et les comédiens; il a droit d'être exigeant par la raison qu'il est amateur, et qu'il court en foule au théâtre. Les peines et soins du directeur se bornent à faire de bons choix, et à ne rien épargner pour composer la meilleure troupe possible; cela fait, il peut dormir en paix, être certain que ses sacrilices porteront leurs fruits, et compter sur des bénéfices annuels.

Le théâtre de Rouen est vierge de secours et de subvention, et cependant depuis trente ans presque tous les directeurs y ont fait une honnête fortune.

LE HAVRE. La population du Havre était, il y a quinze ans, bornée de 16 à 18,000 ames; elle s'est accrue du double depuis cette époque; le commerce du Havre et ses immenses communications avec les colonies en ont fait la première et la plus opulente ville de commerce maritime de la France. Au nombre des élémens de prospérité assurés au théâtre, il faut inscrire en première ligne l'affluence des étrangers qui surgissent des quatre parties du monde. La ville du Havre maintient spectacle à l'année; elle a tous les moyens de l'entretenir, mais le public est d'une exigence démesurée; il a des prétentions égales à celui de Rouen, qu'il jalouse dans toutes les parties de son administration théâtrale : il s'en faut cependant de beaucoup que les ressources et les goûts des deux cités soient comparables. La commune gratifie le directeur de la concession gratuite de la salle de spectacle qui lui appartient, et d'une chiche subvention de 15,000 fr., et fait sonner bien haut ce modique secours à peine suffisant aux appointemens de la première chanteuse. Une subvention plus généreuse peut seule maintenir spectacle à l'année à la ville du Havre.

TOULOUSE. Une population de 60,000 ames, une cour royale, une garnison, des écoles, une jeunesse ardente qu'il faut occuper, tout indique la nécessité de maintenir à Toulouse un spectacle sédentaire. La ruine d'un théâtre est un signe de désordre dans les villes populeuses; s'il périclite il faut le soutenir; s'il s'écroule, il faut le relever. Depuis dix ans tous les directeurs du théâtre de Toulouse ont succombé sous le poids des pertes, et ont fait faillitte : une mesquine subvention de 12,000 fr. et salle gratuite sont insuffisans pour couvrir les frais d'exploitation; cet état de choses ne peut se prolonger; de toutes fausses mesures naîtraient nouveaux embarras : il faut prendre un parti.

MONTPELLIER. La position du théâtre de Montpellier est en tout point semblable à celle de Toulouse; subvention de 12,000 fr. et salle gratis; public exigeant; dépenses excédant de tiers ou quart les recettes; ruine annuelle pour les directeurs : même mal, même remède.

NANTES. C'est un enfer anticipé que d'accepter la direction des théâtres de Nantes; c'est un supplice quotidien d'y achever une année théâtrale. Par sa population de 80,000 ames, l'aisance de ses habitans, la ville de Nantes pourrait facilement entretenir son théâtre; mais une multiplicité de causes s'oppose à la réussite. Les Nantais sont froids et indifférens pour le spectacle; leur théâtre est désert les deux tiers de l'année. La jeunesse est turbulente et cabaleuse; une ligne de démarcation, nuisible aux intérêts du directeur, est établie entre le haut commerce et les autres classes de la société. Les abonnemens sont tellement minimes qu'ils représentent à peine 60 c. par représentation; ils sont taxés par les meneurs, et il faut, bon gré mal gré, que le directeur subisse le tarif imposé. La commune accorde au directeur une subvention de 24,000 fr. et théâtre gratuit. Chaque année, la ruine ou la faillite de l'entrepreneur, et parfois la clôture du théâtre, attestent l'insuffisance de ces secours; cet état alarmant dure depuis dix ans; il y a urgence d'un changement de système.

METZ, NANCY. La ville de Metz fut classée, en 1807, parmi celles qui devaient avoir une troupe stationnaire; celle de Nancy forma le chef-lieu du premier arrondissement théâtral. M. le préfet de la Meurthe obtint, par suite, que Nancy fût classée dans la même catégorie que Metz, et l'exploitation des deux théâtres fut confiée au même directeur, qui forma deux troupes distinctes, l'une jouant la comédie et la tragédie, l'autre le grand opéra, l'opéra comique et le vaudeville, qui alternaient et offraient variété de répertoire. La ville de Metz semblait offrir des ressources : la garnison était nombreuse, mais l'abonnement militaire ne put être considéré comme branche de recette productive; il avait perdu deux tiers de son effectif par le refus d'exécution des ordonnances antérieures à la révolution de 89.

Nancy n'est plus une ville de garnison; elle n'est pas ville de commerce; sa population est bornée à 30,000 âmes; impossible d'y entretenir spectacle à l'année sans être forcé de recourir aux moyens extraordinaires.

Puisqu'il est évidemment prouvé que les villes de Metz et Nancy ne fournissent pas une recette et des secours suffisans à l'entretien d'une troupe sédentaire en chacune d'elles, on peut réunir les deux théâtres sous la même direction, et autoriser le directeur à ne former qu'une troupe qui ferait un service de six mois en chaque ville. Si ce mode d'exploitation était adopté, les charges du directeur seraient réduites de deux cinquièmes, et ses absences seraient un stimulant qui augmenterait les recettes.

Les théâtres de Metz et Nancy appartiennent aux communes : elles en abandonnent la jouissance gratuite au directeur, qui reçoit en outre une subvention de 15,000 fr. pour l'exploitation du théâtre de Metz, et 12,000 fr. pour celui de Nancy. Ces concessions paraissent, au premier aperçu, très-généreuses; mais il faut dire qu'elles sont annuellement absorbées par les déficits des trois mois de juin, juillet et août, et que, pour les neuf mois restant, les recettes ne couvrent pas les dépenses.

En adoptant le mode d'exploitation des deux théâtres par le même directeur et la même troupe, il n'y aurait pas motif à nouvelles faveurs; mais il serait instant de maintenir celles concédées jusqu'à ce jour, avec réserve de les réduire ou de les retirer, selon les chances plus ou moins favorables de l'entreprise.

STRASBOURG. La direction de Strasbourg était, avant la révolution de 89, l'une des meilleures du royaume; le directeur était assuré d'un bénéfice dont le plus ou le moins dépendait de sa gestion. Les temps sont bien changés, et la ville de Strasbourg, avec une population de 50,000 ames, est bornée à n'avoir spectacle que six mois de l'année; encore est-il presque impossible de l'y soutenir, malgré le secours d'une subvention de 15,000 fr. et la jouissance gratuite de la salle de spectacle. Depuis dix ans tous les entrepreneurs s'y sont ruinés, et plusieurs ont été contraints de faillir.

Strasbourg n'a pas cessé d'être une ville de garnison; mais outre que cette garnison est réduite au cinquième de ce qu'elle était jadis, l'abonnement en corps des régimens y est méconnu, et les abonnemens partiels sont cotés à si bas prix qu'ils ne peuvent offrir qu'une faible ressource au directeur du théâtre. Les ordonnances de 1776 et 1777 obligeaient les régimens à s'abonner. A l'arrivée d'un régiment dans une ville de garnison, le directeur remettait au quartier-maître autant de cartes d'entrée qu'il se trouvait d'officiers présens au corps, et recevait la somme fixée par les ordonnances. La garnison de Strasbourg se composait de dix et douze régimens de toutes armes; l'abonnement militaire était le soutien du théâtre.

Aujourd'hui les officiers paient un jour de solde, en sorte que chaque représentation produit de 15 à 40 c. par abonnement militaire. D'après ce calcul exact, deux cents officiers abonnés, placés dans la salle, présentent au directeur une recette de 70 fr. : c'est le prix d'une loge à l'Opéra; encore faut-il dire que l'abonnement n'étant pas obligatoire, on ne peut compter que sur quart ou tiers des officiers.

La ville de Strasbourg n'exige point de spectacle français durant la belle saison ; une troupe de comédiens allemands s'y établit parfois à cette époque : presque tous les habitans parlent la langue allemande. Il ne s'agit donc plus du théâtre français que pour six mois. Là gît la difficulté; la composition d'une bonne troupe est difficile et coûteuse à opérer au mois de septembre; il faut obligatoirement un opéra comique; les chanteurs à talent qui se trouvent sans emploi exigent des appointemens exorbitans; les sujets du genre sont rares, quelquefois introuvables à cette époque; il faut subir les prétentions de la médiocrité, et les dépenses applicables au personnel augmentent d'un tiers l'effectif de la dépense générale. On ne sortira de cette étreinte qu'en adoptant l'un des moyens que j'indiquerai à la fin de cet article.

LILLE. Depuis plusieurs années le théâtre de Lille a été ballotté par des interruptions, clôtures, ruines et banqueroutes; avec une population de 60,000 ames, la richesse de son territoire et l'aisance de ses habitans, la ville de Lille peut et doit avoir un théâtre sédentaire. La commune accorde au directeur une subvention de 24,000 fr. et la jouissance gratuite de la salle de spectacle : c'est quelque chose pour l'entrepreneur, mais ce n'est pas assez ; c'est beaucoup dans l'opinion des donataires. Depuis dix ans les besoins du théâtre sont plus que doublés et leurs recettes diminuées; comme partout, le public de Lille est exigeant et veut les premiers sujets; il est difficile de concilier les intérêts de l'entrepreneur avec l'exiguité de ses ressources. M. Duverger est le seul directeur qui ait, à deux reprises, relevé et conduit à bien l'entreprise théâtrale de Lille, mise en faillite par ses prédécesseurs et par ses successeurs.

VERSAILLES. Le théâtre de Versailles faisait dans l'organisation de 1807 partie du vingtième arrondissement théâtrale; il en fut mal-à-propos détaché, et forma, par suite, une direction particulière, à laquelle fut adjoint le théâtre de Saint-Germain, dont le service se borne à une ou deux représentations par semaine. La proximité de la capitale semblerait devoir nuire aux comédiens de Versailles; il faut dire à l'avantage de ses habitans qu'ils ne sont point exigeans et qu'une troupe sortablement composée est assurée d'obtenir leurs suffrages. Le voisinage de Paris sert au contraire les intérêts du directeur du théâtre de Versailles; tous les grands colliers des théâtres royaux, tous les acteurs et actrices à cachet des théâtres secondaires, se rendent à Versailles, comme à leur maison de campagne, et y donnent des représentations bénéficiaires, dont le directeur du lieu tire avantage. Malgré la fréquence de ces favorables excursions et la concession d'une subvention de 12,000 fr., le directeur, homme de mérite et de capacité, a succombé sous le poids des pertes et s'est vu contraint d'abandonner son entreprise.

La ville de Versailles, dont la population se borne à 30,000 ames, n'est ni opulente ni commerçante; elle est, ainsi que Saint-Germain, habitée en partie par des particuliers retirés des affaires et des rentiers à médiocre fortune, qui s'y sont établis par motifs d'économie. Impossible d'y maintenir un théâtre sédentaire sans avoir recours à des sacrifices que la commune et les habitans doivent s'imposer, s'ils tiennent au régime actuel.

ORLÉANS, AMIENS, NISMES, BREST, AVIGNON, DOUAY, PERPIGNAN, TOULON, CALAIS, BOULOGNE.

Dans l'organisation de 1807, la seule qui depuis trente ans ait fondé la prospérité des théâtres, des comédiens et des directeurs, les villes ci-dessus désignées étaient classées dans les directions d'arrondissement dont elles n'auraient jamais dû sortir. Cette organisation était l'ouvrage d'un homme d'un mérite reconnu, M. Amaury-Duval. Elle n'eut malheureusement qu'une courte durée, et fut sabrée par un écolier, qui d'expéditionnaire sauta à pieds joints à la place importante de chef de bureau des sciences et arts. FAURE AVAIT REMPLACÉ TALMA.

Sans expérience, sans connaissances et totalement étranger à la matière, le nouveau chef de bureau des sciences et arts voulut donner du sien; au lieu de respecter l'ouvrage de son savant prédécesseur, il le mit en lambeaux. Les arrondissemens furent morcelés; d'une direction on en forma quatre; quarante-neuf faillites eurent lieu pendant le cours de trois premières années de cette fatale organisation, qui a commencé la ruine des entreprises théâtrales, contribué puissamment à la décadence des théâtres et qui n'était que la conception d'un cerveau vide et d'un brouillon inepte. Il est essentiel de remarquer que pendant le cours de l'organisation de 1807, les directeurs d'arrondissemens ne recevaient aucune subvention et payaient aux communes les loyers des salles qui leur appartenaient ; aucun secours n'était réclamé.]

ORLÉANS. Population de 42,000 ames, subvention de 6,000 fr. et salle gratuite. Les villes de Blois, Tours, Saumur et Angers, composaient, dans l'organisation de 1807, le 14ᵉ arrondissement.

AMIENS. Population de 40,000 ames, subvention de 9,000 fr., salle gratuite. Cette ville formait, avec Abbeville et Péronne, le 20ᵉ arrondissement.

NISMES. Population de 40,000 ames, subvention de 12,000 fr., salle gratuite. Avec Nismes, Avignon, Beaucaire et Carpentras constituaient le 4ᵉ arrondissement.

BREST. Population de 30,000 ames, subvention de 6,000 fr., salle gratuite. Quimper, Morlaix, Dinan et Vannes composaient avec Brest le 18ᵉ arrondissement.

AVIGNON. Population de 25,000 ames, subvention de 10,000 fr.; la salle, qui appartient à un particulier, est à la charge du directeur; la location en est fixée à 25 fr. par représentation, vingt entrées et une loge à six places. Avignon faisait partie du 4ᵉ arrondissement.

DOUAI. Population de 20,000 ames, subvention de 6,000 fr., et théâtre gratis. Douai, Dunkerque, Valenciennes, Cambrai, Arras, Boulogne, Saint-Omer, Calais, Laon, Soissons et Saint-Quentin formaient le 21ᵉ arrondissement.

PERPIGNAN. Population de 18,000 ames, subvention de 8,000 fr., salle gratuite. Béziers, Pézénas, Lodève, Castelnaudary et Carcassonne composaient, avec Perpignan, le 6ᵉ arrondissement.

TOULON. Population de 22,000 ames, subvention de 6,000 fr.; la salle est la propriété d'une compagnie; le prix du loyer imposé au directeur est de 5,000 fr., une loge et douze entrées. Cette ville formait, avec Grasse, Aix, Arles, Tarascon et Draguignan, le 5ᵉ arrondissement.

GALAIS. Population de 10,000 ames, subvention de 6,000 fr. La salle appartient à un particulier; le prix de location, pour le compte du directeur, est de 6,000 fr. et deux loges à six places. Le théâtre de Calais était enclavé dans le 21ᵉ arrondissement.

BOULOGNE. Population de 20,000 ames, subvention de 8,000 fr., salle gratuite. Le théâtre de Boulogne était compris dans le 21ᵉ arrondissement.

Malgré les soins pris sur mes recherches et l'exactitude des documens, il est probable que quelques erreurs seront remarquées dans mes citations.

D'après ce tableau, on voit que les dix dernières villes, sorties des arrondissemens où elles n'avaient spectacle que par intervalles, ont exigé la formation de dix troupes d'opéra comique, qui comportent un effectif de cent soixante sujets chantans; ainsi Nismes, Avignon, Beaucaire et Carpentras, qui formaient le 4ᵉ arrondissement, étaient exploitées par une seule troupe; il en faut aujourd'hui deux sédentaires et une ambulante.

Les quatre départemens du Nord, Pas-de-Calais, Aisne et Oise, composaient le 21 arrondissement. Trois troupes, l'une de comédie et tragédie, la seconde d'opéra comique, et la troisième jouant le mélodrame et le vaudeville, suffisaient au service de cet arrondissement. Aujourd'hui, Calais, Boulogne et Douai occupent trois troupes sédentaires d'opéra comique; Dunkerque, Valenciennes et Cambrai composent un arrondissement; Arras, Saint-Omer et Béthune en forment un second; Laon, Soissons, Saint-Quentin, un troisième; enfin Beauvais, Compiègne, Senlis et Rambouillet, un quatrième; plus, deux troupes nomades, qui parcourent en sens divers les quatre départemens, pour l'exploitation des petites villes de Gravelines, Bergues, Cassel, Condé, Bouchain, Avesnes, Aire, Montreuil, Saint-Pol, La Fère, etc., où elles établissent des échoppes quand il ne s'y trouve pas de théâtre. Total, neuf troupes à présent en exercice, au lieu de trois prescrites par l'organisation de 1807. Là se bornent mes citations.

Il y a déraison à vouloir entretenir un spectacle sédentaire à Nismes, Amiens, Avignon, etc., dont les populations se bornent à 25 et 40,000 ames, lorsque les cités de Nantes et de Marseille, qui comptent 80 à 110,000 habitans, présentent chaque année la ruine de leurs théâtres.

C'est le comble de la dérision que les villes de Calais, Douai, Boulogne, etc., avec des populations de 10 à 20,000 ames, élèvent la prétention d'une troupe stationnaire, lorsque Strasbourg, Lille et Toulouse, avec 50 et 60,000 habitans, ne peuvent entretenir leurs théâtres.

Les vices de cette pitoyable organisation, continuée et empirée par M. de Corbière, ont produit la misère qui pèse sur les théâtres de province. Les autorités locales ont également apporté leur contingent de fausses prétentions et de lésinerie, et leur vanité mal entendue a provoqué la ruine des directeurs, que de mesquines faveurs n'ont pu préserver de faillites, dont les effets ont frappé leurs administrés.

Outre qu'il est évidemment prouvé que les dix dernières villes ci-dessus mentionnées ne peuvent subvenir, par la nature de leurs recettes et les modiques secours qui leur sont accordés par les communes, aux frais d'un théâtre sédentaire, il est également démontré que leur distraction des arrondissemens dont elles étaient le chef-lieu et le point d'appui a frappé de pénurie les directeurs desdits arrondissemens. En doublant et triplant le temps nécessaire et convenable de l'occupation du théâtre, on est arrivé à l'indifférence et à la satiété, qui ont produit l'abandon et la disette.

On s'étonnera sans doute qu'il se rencontre des directeurs assez ignorans et mal avisés pour accepter la responsabilité d'entreprises aussi chanceuses : la surprise cessera en disant que dans le nombre des directeurs il s'en trouve souvent qui n'ont rien à hasarder, et qui bâtissent leurs opérations sur des fonds d'emprunts, les prêts des limonadiers de théâtre, les avances d'abonnemens et de subvention, etc. Le maniement de fonds durant quelques mois est le point de mire de cette espèce de spéculateurs : la catastrophe arrive, les comédiens, les créanciers, sont seuls victimes.

Ces calamités, presque générales, n'ont point dessillé les yeux de certaines autorités locales, qui tiennent mordicus à une troupe stationnaire, et n'accorderaient pas aux comédiens un billet d'hôpital en sus de leur minime subvention de 6 à 8,000 fr., et qui voient chaque année, de sang-froid, la ruine ou le bilan de leur théâtre.

Avant la révolution de 89, le nombre des comédiens était borné à 800; il s'élevait à 2,400 en 1806; il est aujourd'hui de 5,400; les deux premières statistiques sont exactes, il peut y avoir erreur sur la troisième.

Vingt-huit troupes de comédiens exploitaient avant 89 tous les théâtres du royaume. La Montansier réunissait aux priviléges des spectacles de Versailles et de Rouen ceux de plusieurs provinces, et parcourait successivement la Normandie, l'Orléanais, la Touraine, le Poitou, le Maine, l'Anjou et l'Aunis, avec une troupe ambulante surnommée *la Galère.* Deux troupes nomades autorisées par la privilégiée faisaient en sous-œuvre le service des sept provinces, qui forment maintenant seize départemens, onze arrondissemens et cinquante-six villes qui veulent spectacle.

On compte, depuis 89, quarante-sept salles de spectacles, bâties dans les villes de province; quinze peuvent être considérées comme monument; seize de construction informe ont été édifiées dans des églises et dans des couvens; enfin seize dans des jeux de paume, hangars et magasins. Deux mille six cents comédiens figurent en plus sur les cadres de l'armée dramatique; il est juste de donner satisfaction aux propriétaires des théâtres, et de faire vivre les comédiens.

Aujourd'hui soixante-douze troupes sédentaires et ambulantes exploitent les théâtres du royaume; il faut y ajouter quinze à vingt réunion de bateleurs, et s'il fallait en croire et adopter le système de certains critiques qui veulent régenter et instruire sans examen, et n'ont pas sur la matière les premières notions du savoir et de l'expérience, cette profusion de théâtres et de comédiens serait insuffisante.

Le nombre des comédiens français excède celui de tous les peuples de l'Europe; on ne saurait qu'en faire si Bruxelles et autres villes de la Belgique, La Haie, Amsterdam, la Suisse, Berlin, Vienne, Varsovie, Moscou et Pétersbourg n'en occupaient une partie; on en expédie également des pacotilles pour nos colonies, la Nouvelle-Orléans et Rio-Janeiro.

C'est dans cette surabondance de comédiens et de théâtres, c'est dans les exigences du public, et dans les prétentions de certaines autorités locales, qu'il faut reconnaître la décadence des théâtres et de l'art théâtral. Par le temps qui court, certains comédiens de boulevard ont des maisons de campagne, les chanteurs ont des hôtels, les actrices vont en carrosse, et les directeurs à l'hôpital ou à Sainte-Pélagie. La masse des comédiens est en souffrance.

Plus de priviléges ! le mot est un épouvantail, et doit être rayé du vocabulaire des théâtres, mais il faut des limites, des réglemens, et faire cesser le provisoire. Sans méconnaître les nécessités et les intérêts du temps présent, on peut arriver à un résultat susceptible de satisfaire raisonnablement toutes les exigences.

Déplorer tel vieux mal qui a de profondes racines, sans indiquer les moyens de les extirper, c'est faire les choses à demi, ou même ne les point faire du tout : j'ai montré les plaies, j'indique le remède.

Les grandes villes du royaume doivent avoir des troupes de comédiens sédentaires ; le moyen le plus sûr que ces théâtres ne périclitent pas est que les communes les fassent exploiter pour leur compte. Cette épreuve peut se borner à une année, à la fin de laquelle on connaîtrait les résultats d'exploitation, et sur lesquels on pourrait baser avec sûreté la quotité de secours nécessaires au maintien du théâtre.

A l'aide de souscriptions, surcroît et augmentation du prix des abonnemens, les autorités locales peuvent obtenir des habitans des sacrifices qu'on refuserait à un entrepreneur.

Si les communes refusent de se charger de l'administration de leurs théâtres, il faut qu'elles reconnaissent l'obligation de suppléer par de nouveaux secours à l'insuffisance de ceux précédemment concédés ; leur nature peut être facilement calculée sur les recettes et dépenses, et sur l'effectif des bilans déposés par les directeurs qui ont succombé.

Les allocations de deniers en faveur des comédiens datent de l'établissement des théâtres en France. Saint-Julien dit que les villes de Marseille, Montpellier et Toulouse ont long-temps entretenu les premières troupes de comédiens qui prirent possession de leurs théâtres. La ville de Paris, voulant faire représenter la *Cléopâtre* de Jodelle, se chargea de tous les frais; cette faveur eut longue continuité pour toutes les pièces qui exigeaient une dépense extraordinaire. Ces citations pourraient se multiplier.

Le rejet de ces deux mesures urgentes et indispensables maintiendrait la détresse, la ruine et les banqueroutes dont sont annuellement frappées les entreprises théâtrales des principales villes du royaume.

Les observations que j'ai rassemblées dans quelques pages sont le résultat de trente ans d'études, de pratique et d'expérience; je leur ai donné quelques développemens dans trois rapports distincts soumis à la commission, je crois utile de les publier dans ce moment, où de nouvelles commissions s'occupent de reconstituer sur nouvelles bases l'organisation des théâtres du royaume. Le ministère ne restera point au-dessous de sa mission, qui aura sans doute la plus heureuse influence sur la régénération que les amis de l'art de l'art dramatique appellent de tous leurs vœux.

PARIS, IMPRIMERIE D'ÉVERAT,
rue du Cadran, n° 16.

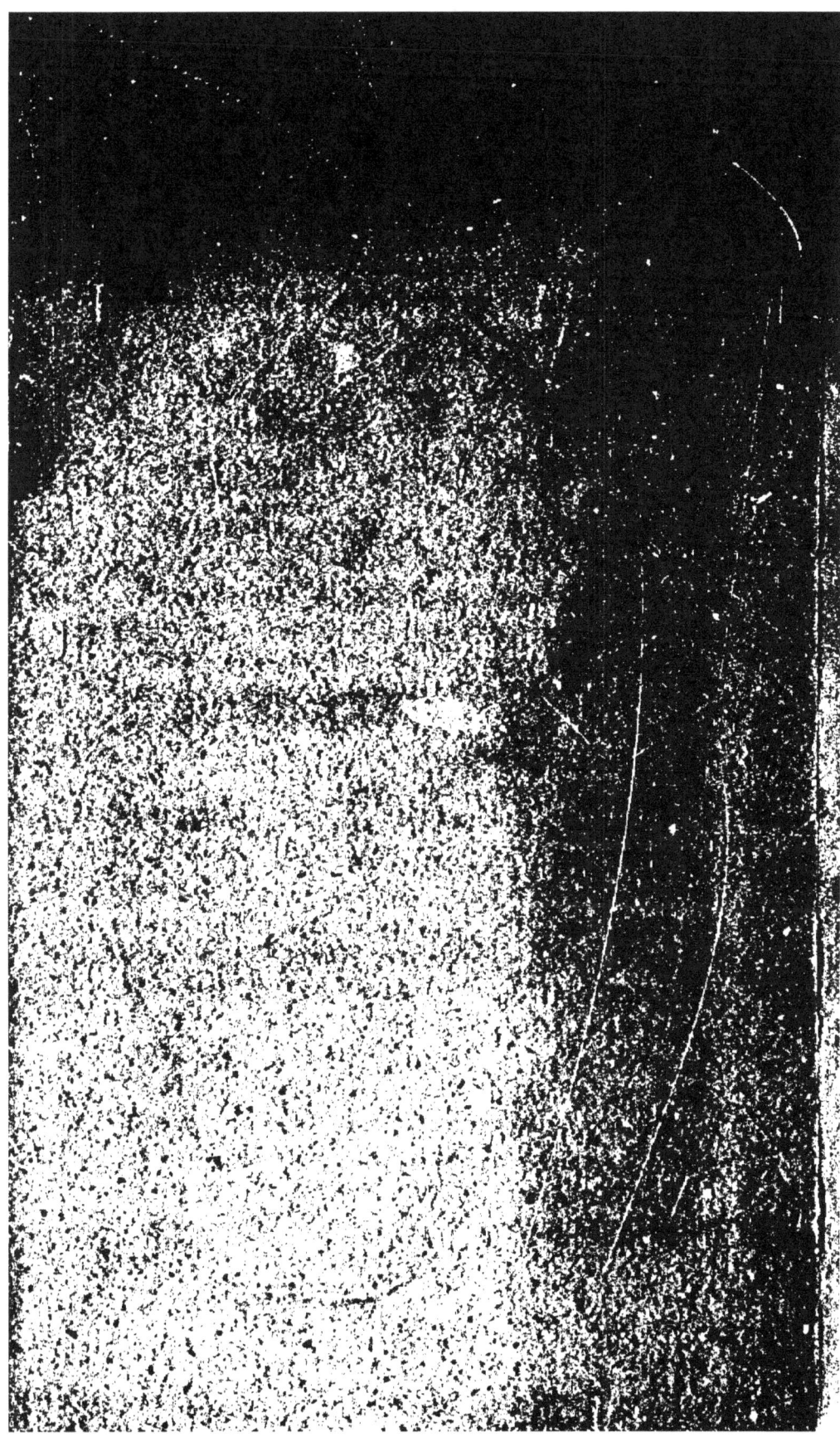

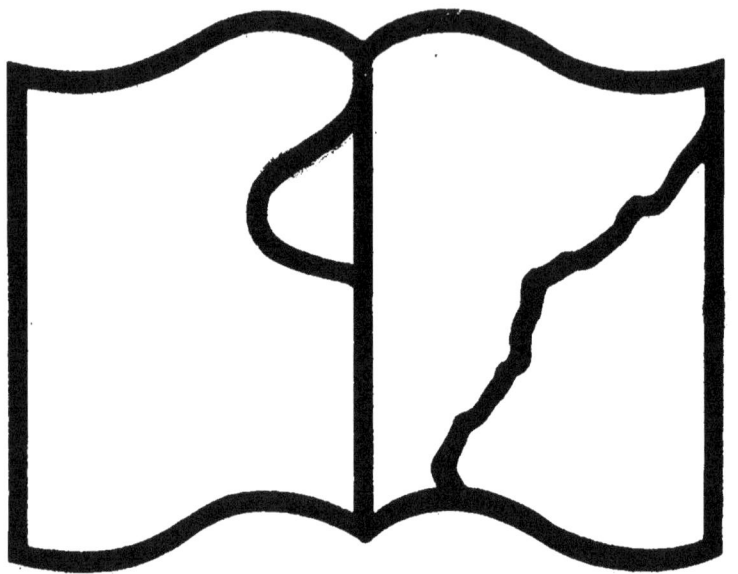

Texte détérioré — reliure défectueuse
NF Z 43-120-11

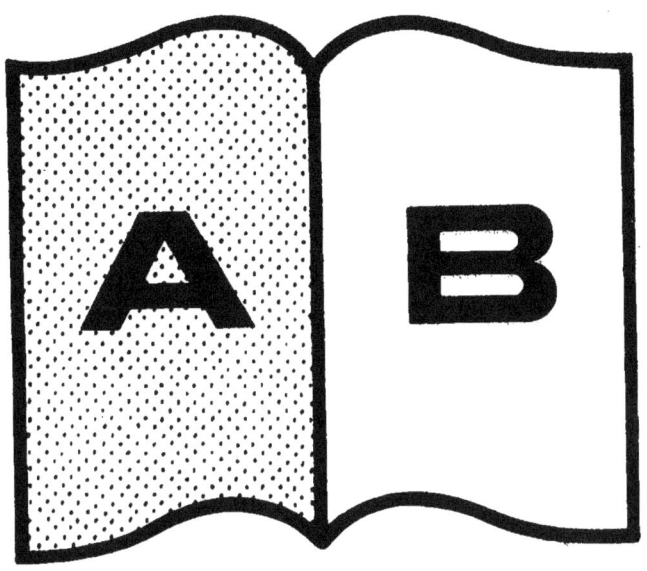

Contraste insuffisant
NF Z 43-120-14

www.ingramcontent.com/pod-product-compliance
Lightning Source LLC
LaVergne TN
LVHW050622090426
835512LV00008B/1611